« Proximités - Sociologie »
Collection dirigée par Gilles Ferréol

ADRESSEZ LES COMMANDES À VOTRE LIBRAIRE OU DIRECTEMENT À

Éditions L'Harmattan

5,7 rue de l'École Polytechnique
F - 75005 Paris
Tél : 00[33]1.40 46 79 20
Fax : 00[33]1.43 25 82 03
commande@harmattan.fr
www.editions-harmattan.fr

ISBN : 978-2-8066-3598-3 D/2017/9202/11

www.eme-editions.be

Sous la direction de

Gilles FERRÉOL

avec la collaboration de

Médéric CHAPITAUX

SPORTS DE COMBAT
ET
VIDÉO

SOMMAIRE

Préface

Jean-Charles Barès 7

Introduction

Gilles Ferréol 9

Première partie :
Points de repère et problématisation

Chapitre 1
Déictique des sports de combat :
organisation et représentation du pugilistique
Jean-Yves Tayac 15

Chapitre 2
La vidéo au service des sports de combat.
Analyse technico-tactique du *kick-boxing* et du *muaythai*
Jean-Michel Reymond 31

Chapitre 3
Karaté de compétition et vidéo. Observer, entraîner, prévoir
Jérôme Frigout et Angeline Lepresle 45

Chapitre 4
Boxe et vidéo. De l'entraînement à la formation
Mustapha Tahouri. 63

Chapitre 5
Le devenir de la vidéo dans l'apprentissage des sports de combat
au sein des dispositifs FOAD
Marjolaine Sené 79

Chapitre 6
Quelle pédagogie des sports de combat à l'ère de *Youtube* et de *Facebook* ?
François Laurent 93

Deuxième partie :
Processus de socialisation et constructions identitaires

Chapitre 7
Catch : histoire, style et spectacle
Thomas Désarménien. 109

Chapitre 8
La boxe de rue.
La vidéo, le vrai troisième homme ?
Jean-François Loudcher. 127

Chapitre 9
Le « *Bombardier marocain* ».
L'art de combat de Marcel Cerdan, entre la *halka* et la boxe moderne
Ahmed Moro 141

Chapitre 10
Full-contact pour les déficients visuels.
Le jour où l'obscurité permanente des autres m'a permis d'y voir plus clair
Médéric Chapitaux 153

Chapitre 11
Premier gala de MMA en France.
Sa diffusion aurait-elle pu être autorisée par le CSA ?
Médéric Chapitaux 165

Chapitre 12
Protectform.
Un concept né de l'expertise vidéo
Cédric Palisser 177

Postface
Fernand Lopez Owonyebe 189

Table des sigles 191

PRÉFACE

Jean-Charles BARÈS*

Monter sur un ring est une des choses les plus difficiles qu'il m'ait été donné de faire. Je n'ai jamais réussi, ni même vraiment cherché, à mettre des mots sur les émotions qui m'ont traversé à ce moment de ma vie. Je n'ai boxé qu'une fois, faisant moi-même le constat que j'étais bien meilleur journaliste. Je suis devenu commentateur, et une partie de moi, même infime, revit ces émotions à chaque combat que j'ai l'honneur de décrire et d'accompagner.

Plus que la boxe, j'aime les boxeurs. Il y a dans le regard d'un combattant des trésors d'humanité, dans cet instant où il s'apprête à franchir les cordes une beauté sans limites. C'est un moment hors du temps, où tout semble réalisable, avant qu'une brutale évidence ne vienne rappeler à elle les doux rêveurs. Il est prêt à risquer l'humiliation, à souffrir toutes les blessures. Là où il se trouve, il ne peut plus mentir. Il a choisi. Il est à nu, terrifié. On lit à travers son âme. Il y a dans cette image une force évocatrice inégalable.

Un combat est la vérité d'un instant. Brutale, magnifique, parfois si cruelle. Elle bouleverse, sacrifie à la raison cette part de risque, pourtant connue de tous. La tragédie n'est jamais loin. Il faut une part de folie, inavouée ou contenue, pour s'y confronter.

Cette vérité trouve à l'image sa plus pure expression. Plus que les autres, les disciplines de combat recèlent une télégénie brute, innée. Nul autre sport ne se prête aussi naturellement à la mise en image, aucun ne peut être à ce point magnifié par le ralenti d'une de ces images. Cela tient à la sincérité, à l'instantanéité, à ce concentré d'émotion qui passe sur un visage et que le plus simple des objectifs peut capter.

Sans images, ces disciplines sont condamnées à mourir ou à rester confinées dans l'anonymat. C'est par ce support qu'elles trouveront leur essor et prendront toute leur dimension populaire. Sans la télévision, indispensable à son économie, la boxe, porte-drapeau des sports de combat, a longtemps cru mourir. Les destins nationaux se nouaient dans des salles vides ou étrangères.

Entres titres factices et combats bidons, des années d'aberration sportive avaient terni sa crédibilité. Trop d'imposteurs érigés en champions, de champions qui une fois au sommet oublient de servir leur sport pour se servir,

* Journaliste, *L'Équipe 21*.

eux. Les télévisions étaient parties, résignées, trop longtemps flouées, laissant cette discipline lentement tomber dans l'oubli. Elles reviennent aujourd'hui, portées par l'élan d'une équipe olympique revenue bardée d'or de Rio.

Cet élan est fragile, et il nous faut le chérir car les erreurs du passé sont encore toutes proches. À cette heure nouvelle, à ce moment critique de son histoire, la boxe ne saurait s'affranchir d'un devoir de vérité, de transparence envers le public. Journalistes, diffuseurs, promoteurs : presque autant que ceux qui la pratiquent, ceux qui la mettent en images sont garants de sa survie.

Les sports de combats ont plus que jamais besoin d'une locomotive : d'un sport propre, loin de ce spectacle corrompu qu'il a trop longtemps été, enfin capable d'entraîner dans son sillon tous les autres. Les années qui se profilent verront tomber les dogmes et les tabous, comme l'illustrent les chapitres de ce bel ouvrage, auquel ont participé des spécialistes ou des pratiquants de renom. La France reconnaîtra enfin le MMA et avec l'exposition, nouvelle, des disciplines pieds-poings, l'arrivée du karaté aux JO, l'aura d'un Teddy Riner en route pour un troisième titre olympique, nous vivons, au prix des performances et de la transparence, les prémices d'un nouvel âge d'or.

C'est un moment, hors du temps, où tout semble possible. Avant l'évidence, brutale ?

INTRODUCTION

Gilles FERRÉOL*

Le 8 avril 2016, dans l'Amphithéâtre de l'UPFR Sports de l'Université de Franche-Comté, s'est tenue en présence d'un nombreux public la sixième édition du cycle *Sport et Vidéo* organisé par le laboratoire C3S avec le concours de l'entreprise Challenges Academia Lors de cette session, étaient à l'honneur les *sports de combat*. Le colloque qui leur a été consacré est le fruit d'une étroite collaboration entre enseignants-chercheurs, jeunes docteurs, éducateurs, responsables de fédérations ou de ligues, CTR ou entraîneurs, athlètes (amateurs ou de haut niveau), journalistes de la presse écrite ou audiovisuelle.

Douze communications, retravaillées par leurs auteurs suite à des échanges fructueux avec la salle, ont été retenues et peuvent être regroupées en deux grandes parties. La première fournit des *points de repère* et des *éléments de problématisation*. Jean-Yves Tayac, tout d'abord, prenant appui sur l'histoire de l'art et les apports du paradigme de la médiation formulé par Jean Gagnepain, privilégie une approche déictique, laquelle renvoie à tout un ensemble de productions et de dispositifs ayant comme objectif de « *montrer* » ou de « *représenter* », par le pouvoir de l'image, tel ou tel événement, notamment en évoquant ou en rendant présent ce qui se situe dans un autre temps ou un autre espace. Les sources dont on dispose, qu'elles soient épigraphiques, iconographiques ou archéologiques, nous livrent ainsi des « *fragments de connaissances qui se complètent et qui doivent être recontextualisées* », afin d'éviter des « *effets de surinterprétation* », qu'il s'agisse du noble art, de la savate ou du *K1 rule*. L'accent peut être mis, pour chaque activité pugilistique, sur l'équipement utilisé (vêtements ou protections, par exemple), les rituels pratiqués (prières, projections de sel, danses) ou les surnoms octroyés, symbolisant des destins ou des trajectoires de légende ou d'exception. L'important, comme dans tout affrontement, c'est d'« *essayer de se tenir toujours à bonne distance* » et de croiser, de manière adéquate, théorisation et praxis, recherche et action.

Jean-Michel Reymond, de son côté, propose un examen technico-tactique du *kick-boxing* et du *muaythai*. Le développement d'outils numériques de plus en plus perfectionnés constitue, à cet égard, un atout de taille permettant de mieux évaluer les compétences, les contenus d'entraînement et le volume de ressources à mobiliser à chaque séance selon que l'on valorise les phases d'attente (placement, garde, angle d'attaque) ou d'échange (blocage, esquive, contre). La méthodologie qu'il convient de promouvoir est celle

* Professeur de Sociologie à l'université de Bourgogne-Franche-Comté, directeur du laboratoire C3S (Culture, Sport, Santé, Société), EA 4660.

qui conjugue lisibilité, simplicité et rapidité d'utilisation, avec des retours immédiats ou différés.

Jérôme Frigout et Angeline Lepresle, quant à eux, se focalisent sur le karaté : la perception de ses propres habiletés et l'appréhension de celles de ses adversaires sont, dans cette optique, fondamentales, de même que la prise en compte de facteurs biomécaniques, psychologiques ou stratégiques susceptibles de déboucher sur l'élaboration de nouveaux référentiels. Le modèle de Tokitsu s'inscrit dans cette perspective, les grilles d'observation qui lui sont associées répondant à des critères de validité, de pertinence ou d'accessibilité et intégrant les évolutions de l'arbitrage ainsi que toute une gamme d'options (équilibre de Nash, défense à la Clausewitz).

Pour une Fédération comme la FFB, poursuit Mustapha Tahouri, les finalités poursuivies – au-delà de certaines vicissitudes – sont multiples : visualisation, transmission, décryptage, feedbacks, appropriation et autonomisation, simulation. La formation de délégués ou de prévôts est, à ce titre, essentielle et concerne plus spécifiquement l'encadrement des jeunes du Pôle France. Si la course effrénée au « *tout informatique* » conduit inévitablement à des dérives et est à proscrire, un usage approprié de ce type de support doit être encouragé. La plupart des dispositifs FOAD mis en exergue par Marjolaine Sené répondent à cette exigence et ne font l'impasse ni sur les savoir-faire ni sur les savoir-être. Les notions d'*interaction* et d'*adaptation* y sont primordiales tout comme la répétition des enchaînements ou le travail de verbalisation et d'objectivation avec les pairs ou les tuteurs en fonction des besoins et des attentes en termes de nutrition ou de récupération, de mémorisation ou de préparation mentale. A l'ère de *Youtube* ou de *Facebook*, le professeur d'EPS – souligne François Laurent – peut adopter diverses postures : le déni, le rejet, le « *suivisme* » ou l'accompagnement. Cette dernière attitude, lorsqu'elle est au service d'un projet, offre des points d'ancrage ou de comparaison, des allers-retours entre moments de découverte ou d'expérimentation, des conseils et des suggestions sur la hiérarchisation des priorités, le degré d'implication ou les modes de remédiation.

Après ces éclairages d'ordre didactique, une place de choix est réservée aux *illustrations* et aux *études de cas*. C'est ainsi que Thomas Désarménien nous fait pénétrer dans les coulisses des galas de catch, la professionnalisation de la discipline et sa très forte médiatisation via les réseaux câblés faisant l'objet d'une attention particulière. Les portraits du canadien Bret Hart, mêlant finesse et intensité, et de l'américain Mick Foley, au style *hardcore*, mettent en avant l'admiration suscitée par de tels champions, véritables héros de la Modernité, « *colorés* » et « *survitaminés* », magnifiés dans des émissions de grande écoute comme *Superstars* ou *Monday Night Raw.* En son temps, la boxe de rue, telle qu'elle est décrite et analysée par Jean-François Loudcher à partir d'archives ou de vidéos postées sur Internet, a eu également les faveurs du public et donné lieu à des paris plus ou moins légaux. La figure de Marcel Cerdan – le « *bombardier marocain* », à la fois « *rouleau compresseur* » et « *puncheur hors normes* » – a, de même, été adulée et incarne, comme le montre bien Ahmed Moro, l'excellence sur le ring : vitesse d'exécution, résistance aux coups, puissance des deux mains. À notre époque, certaines initiatives destinées à sensibiliser des adolescents déstructurés à d'autres situations désocialisantes, sans que celles-ci soient insurmontables, méritent d'être saluées : le parcours, retracé par Médéric Chapitaux, de Valentin, déficient visuel et adepte du *full-contact*, est sous cet angle très instructif car il invite au respect, à la tolérance et à l'ouverture des possibles. Dans un autre registre, une réflexion sur les *Mixed Martial Arts*, leur diffusion et leur reconnaissance institutionnelle dans notre pays d'un point de vue administratif ou juridique doit être aussi entreprise. Avec *Protectform* et son *aquaboxing*, conclut Cédric Palisser, des synergies avec des clubs de remise en forme peuvent être envisagées au sein d'un environnement ludique et sécurisé.

Un volume, on le voit, dense, solidement étayé et qui met en lumière les potentialités, tant pour l'apprenti combattant que pour le pratiquant chevronné, de l'outil vidéo, des plates-formes collaboratives et des *serious games* dans l'apprentissage et le perfectionnement, l'expertise et la prise de décision. Toutes ces fonctionnalités doivent être cependant mises en œuvre avec discernement sous peine de se révéler contre-productives, voire très dommageables**.

** Un grand merci à l'UPFR Sports de Besançon pour son accueil, à Challenges Academia et à la Fédération française de Boxe pour leur soutien financier, à Annick Rousseaux et aux doctorants du laboratoire C3S pour l'organisation et la logistique du colloque, sans oublier Jean-Baptiste Roy pour le suivi du protocole d'harmonisation des textes et Alexandre Mairot pour la mise en forme informatique, dans sa version finale, du manuscrit.

PREMIÈRE PARTIE :

POINTS DE REPÈRE ET PROBLÉMATISATION

CHAPITRE 1

DÉICTIQUE DES SPORTS DE COMBAT : ORGANISATION ET REPRÉSENTATION DU PUGILISTIQUE

Jean-Yves TAYAC*

Photo 1 : Musée national de Rome, pugiliste

Depuis presque deux décennies, je suis en charge de coordonner les formations et les diplômes des trois fédérations délégataires pour les activités pugilistiques. Avec le recul et une certaine expérience, je peux affirmer que les questions de représentations du sport en général, et plus précisément – pour ce qui me concerne – des différentes boxes, occupent une place très importante et sans cesse croissante, qui est sous-estimée, notamment du fait de l'hégémonie de la médiatisation dans notre vie quotidienne. C'est pourquoi, en prenant appui sur des éléments théoriques élaborés dans les domaines de l'histoire de l'art, de la philosophie et plus largement des sciences humaines, je tenterai de poser un cadre, un peu théorique mais toujours en prise avec le réel, sur les relations que les différentes techniques de représentation, dont la vidéo, entretiennent avec les sports de combat.

∴

* Inspecteur principal de la Jeunesse et des Sports. Coordonnateur national des activités pugilistiques. Diplômé de l'université de Paris-Sorbonne en Histoire de l'art et Archéologie.

I. ÉLÉMENTS THÉORIQUES : DE QUOI PARLE-T-ON ?

A. La déictique

J'emprunte ce terme de *déictique* à Philippe Bruneau et Pierre-Yves Balut qui le définissent dans leur ouvrage : *Mémoires d'archéologie générale.* Cette refondation de l'archéologie et de l'histoire de l'art a bénéficié des travaux de Jean Gagnepain, professeur de linguistique à l'Université de Rennes 2, qui a posé les bases d'une théorie de référence pour l'ensemble des sciences humaines, publiée sous le titre *Du vouloir dire : traité d'épistémologie des sciences humaines.* Gagnepain a professé pendant plus de quarante ans à l'Université de Haute-Bretagne ce qu'il a lui-même nommé la *Théorie de la Médiation.* Fondée scientifiquement dans la clinique, cette théorie est hypothético-déductive, évolue et se construit à l'épreuve des expérimentations qui confirment ou infirment les hypothèses retenues.

Ces références posées, il est légitime de se demander s'il est bien utile, dans un colloque sur les relations que les sports de combat entretiennent avec la vidéo, de convoquer l'archéologie et l'histoire de l'art et, qui plus est, sous leurs aspects les plus théoriques. Je vais tenter de vous démontrer que cette approche le doit un peu à mon parcours universitaire et beaucoup à la nécessité que nous avons de nous entendre sur les mots avant d'entamer notre réflexion collective. Sur la question de la théorisation, je suis partisan de *l'élitisme pour tous* et je sais, pour être issu du milieu pugilistique, que les pratiquants de sports de combat ont des capacités d'analyse et d'adaptation proportionnelles à l'urgence qu'ils ont de les mettre en œuvre dans le combat. Ainsi donc, je romprai avec ce lieu commun selon lequel il faudrait adapter le discours à un public prétendument peu enclin à la conceptualisation. Rendre la raison populaire n'est pas synonyme de simplifier.

Il faut ainsi entendre par *déictique* l'ensemble des dispositifs qui, afin de rendre conscient ou de faire connaître, ont pour objectif de "montrer". La théorie de la médiation évoquée plus haut propose une diffraction de la réalité observable en quatre plans dits respectivement *glossologique*, *ergologique*, *sociologique* et *axiologique*. La déictique regroupe les productions diverses issues de cette capacité "glossologique" qui permet, en particulier, d'articuler le signifiant et le signifié.

Le langage, l'écriture (qui en est sa technicisation), le dessin, l'image, la peinture, la photographie, la vidéo, le cinéma participent de cette fonction déictique avec plus ou moins de distance, du signal à l'ostentation en passant par la description ou le dessin technique. L'image ou la vidéo y occupent une place prépondérante, d'une part du fait que le "perçu" s'adresse à un plus grand nombre que le "conçu" qui exige quelques prérequis, d'autre part parce nos technologies contemporaines privilégient le mode iconographique. « *Je suis né avec la vidéo* », affirmait Bill Viola, artiste contemporain de premier plan qui utilise quasi exclusivement cette technique dans son travail.

Dans le domaine du sport, qui concerne plus directement ce colloque, on assiste à l'émergence et au développement exponentiel du *e*-football et de la *e*-boxe, d'un environnement déictique de plus en plus virtuel.

B. Les plans de rationalité

La Théorie de la Médiation évoquée précédemment propose, pour mieux cerner l'objet d'étude, de déconstruire la réalité concrète en utilisant quatre entrées distinctes correspondant respectivement aux performances des plans glossologique, ergologique, sociologique et axiologique, à savoir : la *déictique*, la *technique*, l'*ethnique* et l'*éthique*.

Pour notre thématique, l'entrée prioritaire est évidemment celle de la représentation. Elle peut être considérée comme l'infrastructure ou l'ossature ; les trois autres plans seront secondaires et feront incidence comme ils adviennent dans notre expérience concrète de façon homogène. La réflexion théorique permet d'instiller du discret (de la différence) dans le concret pour mieux l'appréhender…

La technique concernera les moyens dont nous disposons pour représenter (fabrication, art). L'ethnique s'intéressera à ce qui est politiquement et sociologiquement représenté (le social, le sociétal). L'éthique se définira comme ce que l'on s'autorise à représenter (la morale).

Ces propos liminaires ont pour but de prendre du recul et d'éviter d'être ébloui par les conséquences en perdant de vue les intentions qui les sous-tendent.

Puisqu'il est ici question de représentation, je ne résiste pas au plaisir d'attirer votre attention sur ce détail de l'œuvre de Raphaël intitulée *L'école d'Athènes*, visible au Vatican. Platon montre du doigt le ciel des idées pendant qu'Aristote désigne de sa paume le terrain du réel. Notre réflexion doit se nourrir des deux propositions : il s'agit, comme dans le combat, d'essayer d'être toujours à la bonne distance et de croiser théorie et pratique autant que cela se justifie.

Photo 2 : Musée du Vatican. L'école d'Athènes, Raphaël

II. DE L'IMAGE

Les industries de la déictique, le cinéma, la littérature, la photographie, la musique (dans sa modalité descriptive) ont affaire à l'image. On peut reconnaître trois destinations essentielles à l'image, c'est-à-dire trois motivations que l'on a d'en fabriquer.

La première vise à permettre la reconnaissance ou à apporter de la connaissance, il est alors question d'*évocation*. Évoquer, c'est, par exemple, user des indices ou des indicateurs identitaires d'un sport pour le situer historiquement ou sociologiquement, quel que soit le genre : ouvrages pédagogiques, vidéos techniques, ou encore en rappeler les grandes heures, où la victoire se fête, ou les plus tristes, comme le terrible accident d'avion dans lequel périt Marcel Cerdan.

La deuxième, suivant le sens étymologique de "représenter", a pour but de rendre présent ce qui est dans un autre temps ou un autre espace ; ce pouvoir de l'image est celui de la *convocation*. L'image nous rend présents ceux qui sont physiquement absents, éloignés ou disparus, au moyen de portraits, de photographies, mais aussi par des retransmissions télévisées, en direct ou non. On peut citer tous ces portraits de boxeurs de James Corbett à Mike Tyson, réunis par Guy et Sylvie Lagorce dans leurs « *portraits mythiques de la boxe* ».

Enfin, on peut fabriquer des images pour émouvoir, susciter du désir ou du dégoût ; la destination est, dans ce cas, celle de la *provocation*. Provoquer, c'est faire réagir, surprendre, produire un engouement ou un rejet, attirer l'attention, voire l'intérêt. C'est aussi "faire parler", libérer la parole… La provocation joue sur l'immédiateté, le *happening*. Elle préfère la perception directe aux détours de ce qui demande une analyse, donc une conception ;

du côté du conçu plus que du perçu, elle se réalise davantage dans les images que dans l'écrit.

III. LES ACTIVITÉS PUGILISTIQUES À L'ÉPREUVE DES INDUSTRIES DE LA DÉICTIQUE

A. Repères historiques

Dans le cadre de la coordination nationale des formations qui m'a été confiée, je distinguerai trois groupes d'activités pugilistiques en lien avec leurs fédérations délégataires respectives : la boxe (dite parfois « *anglaise* », mais cette précision est considérée comme superflue par les pratiquants), la Savate (appelée aussi boxe française) et les autres boxes pieds-poings, *kick-boxing, full contact, muay thaï*, pancrace, regroupées dans une seule fédération.

Comme la plupart des sports de combat, les boxes se sont dotées d'origines plus ou moins mythiques. L'Histoire est toujours l'Histoire que l'on se donne, elle n'a pas besoin d'être véridique et se caractérise plutôt par ses aspects élitistes (histoire écrite par les vainqueurs) et par son discours elliptique (beaucoup d'aspects jugés négatifs sont laissés dans l'ombre).

Les sources épigraphiques, iconographiques et archéologiques apportent des fragments de connaissances qui se complètent et qui doivent être recontextualisés pour éviter l'effet de sur-interprétation. En outre, le fait de ne disposer d'aucune source matérielle n'implique pas qu'il n'y ait pas eu une pratique pugilistique.

Nous pouvons citer la fresque des boxeurs crétois, conservée au musée d'Athènes, dont la datation très approximative situe entre 2 700 et 1 200 avant notre ère (image) ou encore la figuration de deux boxeurs en garde sur la coupe du peintre de Londres, conservée au musée du Louvre et datée de 470 avant notre ère ?

Photo 3 : Musée d'Athènes, boxeurs crétois, 2700-1200

Des sources épigraphiques font état de combats utilisant les poings. Ainsi Homère, dans l'Odyssée : « *Les bras se détendirent ; Ulysse fut atteint en pleine épaule droite ; mais son poing se logea dans le cou, sous l'oreille ; on entendit craquer les os dans le gosier ; de la bouche d'Iros un flot rouge jaillit ; en mugissant, il s'effondra dans la poussière, grinçant des dents, tapant la terre des talons.* »

Ou aussi Pindare, dans ses *Olympiques* à propos de Diagoras de Rhodes, vainqueur aux poings : « *Les fleurs couronnèrent Diagoras deux fois, vainqueur quatre fois à l'Isthme fameux, à Némée coup sur coup, et dans la rocailleuse Athènes…* »

Ou encore Apollonios de Rhodes dans ses *Argonautiques*, qui rapporte qu'au pays des Brébyces, le roi Amycos, d'une taille et d'une force gigantesques, défiait à la boxe tous les étrangers qui s'arrêtent chez lui. Il a inventé les « *cestes* » (sortes de gants) lestés de plomb qui rendent les combats mortels. Le petit Pollux, plus agile et plus intelligent, le battra. Pas de catégories de poids ni de règles bien précises qui nous soient parvenues : le pancrace, *pan-kratos*, combat total ou combat mixte plus proche du MMA, est aussi attesté.

1. Le noble art

C'est en 1742 que les premières règles de la boxe sont évoquées par Jack Broughton. Les 16 règles dites du Marquis de Queensberry, rédigées en 1865 par le journaliste John Graham Chambers, sont mises en application en 1891 et font ainsi rentrer la boxe dans sa forme moderne, qu'avec des petites retouches nous conservons aujourd'hui. La fédération française sera créée en 1903, la première fédération internationale (NBA puis WBA) en 1921. Cette même année, Georges Carpentier dispute le premier championnat du monde des poids lourds contre Jack Dempsey qui gagne à la cinquième reprise.

2. La savate

Au XIXe siècle, la savate, escrime des poings, est apparue comme un sport de combat de percussion dans la tradition de l'escrime. Ce sera la seule boxe "pieds-poings" née en Europe.

En 1830, Charles Lecourt et Charles Charlemont créent et codifient la boxe française. En 1975, la Fédération nationale de Boxe française est délégataire de la discipline ; l'année suivante, elle devient la Fédération française de Boxe française Savate et disciplines associées, notamment la canne de combat et bâton… En 1985, est créée une fédération internationale.

En 2015, la Savate est répertoriée à l'Inventaire du patrimoine culturel immatériel français.

3. *Kick-boxing, full-contact, muay thaï...*

Il est difficile de risquer des datations tant les styles d'affrontements pieds-poings s'originent dans des traditions et des cultures diverses. Par exemple, la boxe birmane, attestée dès 2500 avant notre ère, réapparaît dans une forme moderne aux premiers *opens* américains en 1963 sous le vocable de *kickboxing* américain. Le premier championnat du monde professionnel de *full contact* se nommait *full-contact karaté.*

L'appellation « *boxe pieds-poings* » que nous utilisons toujours a été proposée par Alain Delmas dans le milieu des années 1970, elle regroupe de nombreux styles de combat de percussion : boxe birmane, boxe khmère, boxe laotienne, boxe thaïlandaise, boxe vietnamienne, *full-contact, japan kick-boxing, sanda, boxe boji, K1, K1 rules.*

La fédération délégataire qui regroupe actuellement la plupart de ces disciplines, est la Fédération française de *kick-boxing, muay thaï* et disciplines associées.

4. *La tradition nous réunit et nous empêche d'être ensemble*

Il faut constater qu'issues de racines pugilistiques communes, ou tout au moins proches, sumériennes, grecques, asiatiques, les pratiques se sont distinguées les unes des autres en connaissant des évolutions guidées par les identités et les cultures singulières des peuples ou des nations : la boxe est américaine, chinoise, khmère, laotienne, anglaise, thaïlandaise... Des styles différents sont apparus. La théorie de la Médiation citée plus haut définit le style comme étant une ethnicisation de la technique : on peut alors parler de style propre à un groupe social qui vise à se distinguer des autres. Mais on remarque aussi des styles propres à des individus : Mohamed Ali ne boxe pas comme Mike Tyson qui ne ressemble pas à Marvin Hagler... Chaque boxeur qui se détache de ce que ses maîtres lui ont appris trouve son style. La maxime : « *L'homme a d'universel d'être toujours singulier* » trouve aussi une déclinaison pugilistique.

Le modèle sportif français, qui se caractérise par l'institutionnalisation et la réglementation des pratiques, se trouve confronté à cette fluctuation des styles qu'il s'agit de canaliser et de classer dans des catégories structurantes. Les difficultés face à la polymorphie du combat mixte l'illustrent tout autant qu'à l'inverse la dispersion des disciplines pieds-poings.

De la tradition, convergence dans le passé, à l'évolution, divergence contemporaine, le pugilistique illustre les mots de Friedrich Nietzsche qui ouvrent ce paragraphe. Il appartient au genre humain de revendiquer des sources traditionnelles communes tout en refusant d'être trop proches.

Un autre philosophe allemand, Arthur Schopenhauer, ne disait pas autre chose avec sa parabole des hérissons : les hérissons ont froid, ils se rapprochent pour se tenir chaud, mais ils se piquent, alors ils s'éloignent, ils ont froid, alors ils se rapprochent…

Encore une fois, dans le monde pugilistique tout est question de distance.

B. L'équipement du pugiliste

Le plan de la technique s'intéresse aux moyens qui formalisent la représentation, au sens étymologique, ou qui l'informent.

Chaque activité pugilistique se dote d'un équipement spécifique qui contribue à construire son identité. Le ring, l'octogone, l'aire de combat posent les limites de l'espace consacré au combat, réservé à l'affrontement. La réglementation a normalisé l'espace qui fait l'objet de prescriptions ; longueur, hauteur des cordes, superficie… Cet espace est indispensable mais pas forcément technicisé comme le montre une scène du film de Stanley Kubrick *Barry Lyndon* dans laquelle les soldats s'alignent en carré pour que deux d'entre eux s'affrontent à l'intérieur de ce ring improvisé.

Les gants, les mitaines, les bandages protègent les mains. La seule vue d'une paire de gants de boxe (plutôt de couleur rouge) suffit à suggérer une idée polémique, une confrontation, voire une conflagration en devenir. Les médias, de la politique à la publicité, ont beaucoup usé de cette portée symbolique.

Les vêtements et protections outillent aussi une boxe particulière qu'ils permettent de reconnaître *a priori* : les shorts des boxeurs de *muay thaï* font partie de l'uniforme de cette discipline. En matière pugilistique, « *l'habit fait le moine* », et celui qui veut combattre dans tous les styles doit consacrer un budget non négligeable à sa garde-robe.

Arrivant sur un marché vestimentaire déjà très organisé, le *chauss-fight* a dû se différencier de la *savate* comme du *full-contact* en créant son *dress-code.*

L'équipement matériel des boxeurs (mais aussi des arbitres), leur outillage, l'environnement technique de leur confrontation, constituent un enjeu identitaire et, pour les spectateurs, un élément de reconnaissance immédiate. La tenue participe du statut de boxeur, dans un style où chacun des concurrents se confronte à ses pairs. La ceinture de champion, qui peut trouver sa lointaine origine mythique dans un des travaux d'Héraclès s'arrachant sa ceinture à Hippolyté, reine des Amazones, est un des attributs vestimentaires qui distingue le champion, le père et non plus le pair. Le fait d'avoir multiplié les ceintures de champion du monde a certainement été commercialement rentable dans un premier temps mais a considérablement réduit la portée symbolique en instillant le doute entre parité et paternité : pour être « *le père* » symboliquement, il faut tuer « *les autres pères* », c'est-à-dire unifier le titre.

C. Au-delà de la physique, les rituels

De la même façon qu'Aristote avait nommé l'au-delà de la physique la *métaphysique*, pour y regrouper tout ce qu'il n'avait pas pu inclure dans son analyse et sa description du monde matériel, on peut considérer que l'institutionnalisation et les règles sportives n'ont pas prévu de place pour les rituels, ce qui ne les empêche absolument pas de s'exprimer et même de poser quelques questionnements dans un modèle républicain dans lequel le domaine public est censé être organisé dans une conception laïque. Il paraît tout naturel, ou plus exactement tout culturel, que des disciplines ou des pratiquants issus d'autres pays et d'autres environnements religieux aient tendance à faire perdurer des us et coutumes d'autant plus que, face au danger physique et à l'anxiété générée par l'incertitude du combat, tous les renforts potentiels sont les bienvenus. Ainsi, de nombreux rituels sont pratiqués dans l'ombre privée des vestiaires comme sur l'espace saturé de lumière du ring. Des rituels propitiatoires sont pratiqués pour s'assurer les faveurs de la divinité ; d'autres, apotropaïques, pour repousser les mauvais esprits ou les envoûtements. Des conventions se sont établies, comparables aux pratiques liturgiques en vigueur dans les églises, les temples, les synagogues ou les mosquées : *sumos* projetant du sel pour purifier l'espace de combat, danse des boxeurs *thaï* qui s'approprient les quatre coins du ring… Des comportements individuels s'ajoutent aux rituels que la tradition a codifiés : ce sont des prières, des attitudes d'invocation, des signes religieux ostentatoires, parfois mêmes incorporés en tatouages.

Des pratiques magiques, qui consistent à confier son avenir incertain à des objets fétiches, complètent tous les dispositifs de l'univers rationnel. Ces objets qui doivent porter chance restent dans les vestiaires, aucun talisman ne pouvant franchir les cordes du ring. Un très bel exemple se trouve dans le film *Les Lumières de la ville* de Charlie Chaplin où notre héros, avant de s'engager dans un combat de boxe mémorable, utilise un fer à cheval dans l'espoir de faire pencher la chance de son côté. Ce monde où les rituels et les pratiques religieuses télescopent la pratique sportive ressortit de l'incidence de l'ethnique sur la représentation, d'une sociologie de la protection magique.

L'engouement qu'a connu la boxe thaïlandaise (qui n'est pas considérée en Thaïlande comme un sport dans notre acception française mais plutôt comme une tradition mêlée de fondements religieux) n'est pas étranger à la scénarisation des rituels précédant le combat.

Photo 4 : *Ram-Muay* d'avant combat

IV. LE POIDS DES MOTS

A. Héroïsation par le surnom

Assez proche des pratiques visant à accroître ses forces, c'est la puissance suggestive des mots qui est ici à l'œuvre. On se place dans le champ de la représentation d'une qualité intrinsèque du boxeur qui est amplifiée afin de provoquer la crainte de son adversaire et l'admiration des spectateurs. Ce procédé se différencie de la magie, car il repose sur la réalisation d'actions réelles, en l'occurrence ici de combats victorieux, d'une efficacité remarquable. Le surnom ne se décrète pas par celui qui en bénéficie mais synthétise des victoires, voire un parcours d'exception, une quasi-invincibilité... À la manière des dieux ou des héros de la mythologie grecque (Poséidon est par exemple « *l'ébranleur du sol* », Ajax « *le grand* » ou Ulysse « *aux miles tours* »), les champions de boxe accèdent à une titulature. Parmi tous ceux qui ont eu accès à cette distinction au parfum d'immortalité, en voici quelques-uns : Marcel Cerdan, « *le bombardier marocain* », Mike « *iron* » Tyson, Marvin « *Marvellous* » Hagler, Mohamed Ali « *The greatest* », Jake « *Bronx bull* » La Motta, Thomas « *hitman* » Hearnst... James Corbett (1866-1933), en opposition totale avec l'image du boxeur furieux et brutal, est « *Gentleman Jim* », mais ce type de discrimination sur des valeurs de courtoisie est minoritaire : se vanter d'être un tueur est plus fréquent, à l'exemple de Jack Dempsey « *Le tueur de Manassa* », Stanley Ketchel « *L'assassin du Michigan* »,

Larry Holmes « *L'assassin d'Easton* » ou encore Henry Armstrong « *Homicide Hank* ».Ces héros ont boxé en anglaise mais la boxe thaïlandaise n'a rien à lui envier, elle qui a dénommé ses champions « *Ay Mat Khanghanarok* » que l'on peut traduire par « *La turbine de l'enfer* », « *Namhon Morana* » (« *Le parfum mortel* ») ou encore « *Diesel Dam* » (« *Le diesel noir* »).

À travers cet usage du nom de guerre, du surnom, on vise à afficher la bravoure, à se distinguer, à être et rester hors du commun dans les mémoires. Homère parlait ainsi des héros de l'Iliade : Hippoloque enseignait à son fils Glaucos qu'il devait « *dominer et se distinguer toujours parmi tous* », de même Pélée qui expliquait à son fils Achille qu'il était le meilleur et se devait de « *dominer toujours et se distinguer parmi les autres* ». Les Grecs nommaient « *Arété* » cette volonté d'être supérieur, de surpasser les autres pour s'élever soi-même, sans haine ni arrogance ; les boxeurs sont ainsi.

B. Paroles dites…

Comme le suggère le vocable latin *recordare*, on se souvient de ceux qui établissent des « *records* », ils sont des « *notables* » et l'on conserve leur nom, leur surnom et aussi leurs paroles. Les philosophes qui ont consacré leur existence à approcher la sagesse nous ont laissé le fruit de leurs méditations dans des formules édifiantes ; les boxeurs qui, par les combats menés, ont été au-delà des simples humains, ont également voix au chapitre et l'on respecte les paroles de vérité qu'ils ont livrées.

Jean-Paul Sartre, faisant référence à Jean Genet, nous a laissé cette formulation : « *L'important n'est pas ce que l'on a fait de nous, mais ce que nous faisons nous-mêmes de ce que l'on a fait de nous.* » Mohamed Ali n'exprime pas autre chose lorsqu'il affirme : « *Je ne suis pas obligé d'être ce que vous voulez que je sois.* »

C. … et écrites

« *J'écris comme je boxe* », affirmait Arthur Cravan, Fabian Lloyd de son nom de naissance, poète, boxeur poids lourds et neveu d'Oscar Wilde. En disant cela, il est un peu le porte-parole de tous les écrivains qui ont eu une passion pour la boxe jusqu'à la mettre au cœur de leurs ouvrages. Parmi eux, une femme, Joyce Carol Oates, romancière de renom qui a probablement écrit le plus bel ouvrage de synthèse sur le noble art, sobrement intitulé *De la boxe*. Qui mieux qu'elle qui a assisté au bord du ring à tous les grands combats livrés aux États-Unis, de Mohamed Ali à Mike Tyson en passant par Marvin Hagler, pouvait exprimer ainsi l'essence même de la boxe : « *Suggérer que des hommes pourraient s'aimer et se respecter, sans le violent rituel du combat, c'est se tromper sur la passion la plus forte de l'homme ; la passion pour la guerre et non pour la paix* », faisant écho à ces mots d'Héraclite : « *Le combat est le père de toute chose.* »

On ne peut citer tous les auteurs qui ont puisé leur inspiration dans l'univers des rings : Jack London, Ernest Hemingway, Albert Camus, Philip Roth, Olivier Adam, Daniel Rondeau… Seul, parmi tous les sports, le noble art a produit des œuvres littéraires en grand nombre, sans oublier les biographies ou la sincérité se double souvent d'une écriture de qualité comme dans le « *Raging Bull* » autobiographique de Jake La Motta. Beaucoup d'ouvrages, comme ce dernier, ont été traduits en image par le cinéma, mais là aussi la liste des croisements entre noble art et septième art est bien trop longue pour qu'il soit envisagé de l'ouvrir ici.

V. SURDÉTERMINATION ET SUR-INTERPRÉTATION

La sociologie a développé une définition du sport qui s'appuie sur le concept de phénomène social surdéterminé, autrement dit dont les limites sont davantage fixées par toutes les influences extérieures qui le traversent que par une logique interne qui serait simplement en relation avec l'extérieur sans que son identité en soit modifiée. Une telle définition n'est pas invalidée par l'observation, car on considère souvent le sport comme le réceptacle ou le territoire privilégié d'autres enjeux : sport et argent, sport et politique, sport et féminisation, sport et violence…

Le sport, se définissant ainsi en dehors de ce qu'il serait intrinsèquement, est exposé, voire condamné, à la sur-interprétation et, confondant la fin et les moyens, se trouve accusé de produire du blanchiment d'argent, de la discrimination, de la violence.

A. La question de la violence : du combat aux sports de combat

À la différence de l'Histoire, objet de connaissance, l'Histoire que l'on se donne n'a pas besoin d'être véridique. La plupart des boxes se sont dotées d'origines anciennes, parfois mythiques, et d'un environnement culturel à même d'apporter une antériorité sur les concurrents et, de fait, une légitimité accrue. Au commencement était le combat. Selon les mots d'Héraclite, « *le combat est le père de toute chose* ». Mais il y a une gradation entre la violence, le combat et les sports de combat.

Tous les mythes de création du monde vont du combat chaotique vers la régulation et l'harmonie. Les Grecs de l'Antiquité, plaçant l'humain au cœur de l'organisation de leur monde, rejetaient plus que tout autre chose l'*hubris*, la démesure… Cette démesure présente dans la conflagration et le conflit devait, dans les conditions acculturées de la confrontation et de la compétition, tendre à disparaître. Bien évidemment, la notion de violence reste fluctuante selon les époques et les civilisations, et les combats jusqu'à la mort du pancrace des jeux antiques ou des affrontements de boxe « *au finish* » avant que le nombre de rounds soit limité, seraient considérés comme démesurément violents dans notre environnement social contemporain… La canalisation de la violence présente dans tout combat est probablement toujours prête à surgir de notre cerveau reptilien (comme en témoigne la morsure devenue célèbre infligée par Mike Tyson à l'oreille d'Evander Holyfield) mais, en suivant l'évolution des mœurs, se transforme pour partie en sport. Cette perméabilité du sport (surdétermination) l'amène du côté de l'ange pour s'éloigner de la bête, on parle de valeurs positives, d'idéal olympique…

Les règles évoquées plus haut, qui codifient puis institutionnalisent les combats, les font entrer dans une conception du sport qui préfère l'engagement à l'agressivité, la confrontation virile à la violence, l'intégrité physique et morale à l'élimination pure et simple de l'adversaire, quels qu'en soient les moyens. Le sport n'est pas la guerre, tout au plus le représente-t-on encore comme tel pour assouvir les désirs inavoués des spectateurs potentiels. Le conflit se résoud dans le contrat. Dans ce cadre-là, le MMA apparaît comme un objet d'étude privilégié. Comme tous les passages à la limite, il ouvre très largement les questionnements.

B. L'exemple du MMA

Le MMA (« *Mixed martial arts* ») fait l'objet, en France, d'un débat passionné, voire polémique : organisations de gala remises en cause par le pouvoir régalien, interdiction qui n'est cependant pas traduite dans le code du sport, recommandation du conseil de l'Europe, mission parlementaire, très forte médiatisation… Dans ces débats passionnés, tous les plans se croisent : déictique, technique, ethnique et éthique, et ceux qui s'expriment publiquement ont du mal à bien définir d'où ils parlent et de quoi ils parlent : techniques de combat multiples, phénomène social, atteinte à la dignité des personnes et à l'intégrité des pratiquants, valeurs du sport mises à mal ?

Pour tenter d'y voir un peu plus clair, nous allons prendre pour référence celui de la représentation, les autres étant alors incidents.

Les techniques utilisées sont empruntées à divers sports de combat et arts martiaux dans lesquels elles sont reconnues et admises. Le fait de frapper un adversaire au sol est techniquement moins efficace que debout, mais la symbolique de cette représentation n'est pas compatible avec les codes d'honneur des pratiques pugilistiques : « *On ne frappe pas un homme (ou une femme) à terre.* » La violence est manifestement davantage visuelle que destructrice. Il en va de même sur le plan de l'ethnique où nos sociétés contemporaines répriment toutes les atteintes physiques aux personnes mais multiplient les images de violence dans les films, les téléfilms ou les jeux vidéos. L'histoire du sport en France, les vertus qu'on lui attribue, l'idéalisation construite par Coubertin s'opposent à ce que donne à voir le MMA parce qu'on l'a implicitement considéré comme un sport, à la différence du catch qui met en scène les pires actes déloyaux et destructeurs mais qui est classé dans la rubrique spectacle, une violence mimée selon l'étude de Roger Caillois, dans *Les Jeux et les hommes*, dans laquelle il différencie l'*agôn* du *mimicry*.

Sur le plan de l'éthique, la transgression se résume au fait que des combats entre deux êtres humains aient eu lieu dans une cage, ce qui n'est plus le cas actuellement où c'est un octogone qui remplace les cordes du ring, afin d'éviter les projections hors de l'espace de combat. Il est évident que la simple vue d'un être humain en cage était symbole de dégradation, d'esclavage et d'animalisation et contrevenait à la notion de dignité humaine.

Ce rapide tour de la situation du MMA avec la grille de lecture des plans de rationalité montre, de façon très probante, que c'est essentiellement la représentation du MMA qui pose problème, sa violence visuelle et non sa violence intrinsèque. Il est significatif que les pouvoirs publics priorisent l'action auprès du Conseil supérieur de l'Audiovisuel pour interdire ou encadrer la diffusion des confrontations de MMA (recommandation du CSA du 20 décembre 2005 concernant la retransmission de certains types de combats) et laissent les entraînements de MMA se développer (environ 400 clubs en proposent à ce jour).

∴

Si j'ai pu laisser aller mes pensées « *à saut et à gambades* » selon la très belle expression de Montaigne, c'est pour essayer d'ouvrir des pistes de réflexion, dans le cadre de ce colloque consacré à la relation que les sports de combat entretiennent avec la vidéo, sans les emprunter trop en avant. Ce sont de simples perspectives heuristiques que les spécialistes pourront approfondir s'ils le souhaitent. L'auditoire d'un colloque est une communauté de recherche et chacun peut envisager des prolongements dans les domaines qu'il maîtrise. On peut aussi, évidemment, avoir des points de vue différents, contester, réfuter les propositions que j'ai formulées, ou tout au moins les « *inquiéter* » selon la belle formule de François Jullien. Il est alors question d'*éristique*, science de la discorde (*éris*), qui préside à toute remise en cause des évidences.

Enfin, pour conserver une proximité phonétique aux significations complémentaires des cadres d'analyse, après heuristique et éristique, je proposerai *horistique*. Construite à partir du mot grec *horistein* signifiant l'horizon, l'horistique est une science des limites : limite de sens, limite d'interprétation, limite entre réel et virtuel, limites entre violence et compétition…

Les représentations de la boxe et des boxeurs peuvent être des œuvres d'une grande beauté plastique ou littéraire, les galas de boxe peuvent être des cérémonies d'une grande intensité chorale et le beau geste, « *pour la beauté du geste* » atteindre une dimension héroïque. C'est, je crois, le cas de ce qu'a saisi le photographe avec l'esthétique sauvage, et maîtrisée de Marcel Cerdan devenant champion du monde face à Tony Zale.

RÉFÉRENCES BIBLIOGRAPHIQUES

ADAM Olivier (2004), *Poids léger*, Paris, Éd. de l'Olivier.

APOLLONIOS DE RHODES (1892), *Les Argonautiques*, trad. fr., Paris, F.B. Éditions.

BRUNEAU Philippe et BALUT Pierre-Yves (1997 *a*), « Art et représentation », *in Artistique et Archéologie*, Paris, Presses de l'Université de Paris-Sorbonne, Paris, pp. 111-125.

BRUNEAU Philippe et BALUT Pierre-Yves (1997 *b*), « La Théorie de la médiation », *in Artistique et Archéologie*, *op. cit.*, pp. 59-88.

GAGNEPAIN Jean (1982), *Du vouloir dire. Du signe, de l'outil*, Bruxelles, De Boeck.

GAGNEPAIN Jean (1991), *De la personne, de la norme*, Bruxelles, De Boeck.

GAGNEPAIN Jean (1995), *Guérir l'homme, sauver l'homme, former l'homme*, Bruxelles, De Boeck.

CAILLOIS Roger (1958), *Les Jeux et les hommes*, Paris, Gallimard.

CAMUS Albert (1954), *L'Été*, Paris, Gallimard.

HEMINGWAY Ernest (1928), *Cinquante mille dollars*, trad. fr., Paris, Gallimard (1er éd. en anglais : 1927).

HOMÈRE, *Odyssée*, trad. fr., XVIII, Paris, Gallimard, vers 95 à 104.

HYGIN (Caius Julius Hyginus) (1997), *Fables*, trad. fr., Paris, Les Belles Lettres (1re éd. en latin : 1934).

JULLIEN François (1996), *Traité de l'efficacité*, Paris, Grasset et Fasquelle.

LA MOTTA Jake (2013), *Raging Bull*, Paris, 13E Note Éditions.

LAGORCE Guy et Sylvie (2015), *Portraits mythiques de la boxe*, Paris, Tana éd.

LONDON Jack (1928), *Le Jeu du ring*, trad. fr., Paris, Hachette (1re éd. en anglais : 1905).

OATES Joyce (2012), *De la boxe*, trad. fr., Auch, éd. Tristram (1re éd. en anglais : 1987).

PINDARE (1930), *Olympiques*, trad. fr., Paris, Les Belles Lettres.

RONDEAU Daniel (2016), *Boxing Club*, Paris, Grasset.

ROTH Philip (2004), *La Tache*, trad. fr., Paris, Gallimard (1re éd. en anglais : 2000).

TOOLE F.X. (2012), *De sueur et de sang*, trad. fr., Paris, 13E Note Éditions (1re éd. en anglais : 2000).

CHAPITRE 2

LA VIDÉO AU SERVICE DES SPORTS DE COMBAT : ANALYSE TECHNICO-TACTIQUE DU *KICK-BOXING* ET DU *MUAYTHAI*

Jean-Michel REYMOND*

La pratique du sport de haut niveau se professionnalisant, la préparation des athlètes est de plus en plus rationalisée, et les outils d'aide à l'entraînement et d'optimisation de la performance sont en constante évolution. Dans ce contexte, et depuis une trentaine d'années, l'outil vidéo a pris une place grandissante dans l'entraînement du sportif de haut niveau. L'arrivée du matériel numérique et la démocratisation des ordinateurs portables ont encore accentué et accéléré ce phénomène. Aujourd'hui, la vidéo s'impose comme un outil privilégié pour observer et comprendre la performance et ses déterminants. De ce fait, la formation à l'utilisation de cet outil tient une place plus importante dans le cursus des futurs entraîneurs, les athlètes intègrent de plus en plus tôt le rôle de l'image dans leur préparation et les fédérations, ainsi que les structures d'entraînement, investissent de plus en plus régulièrement dans des matériels modernes et adaptés.

La formation des entraîneurs, l'intérêt des athlètes et la qualité du matériel sont autant d'éléments qui amènent de nombreux acteurs du monde du sport de haut niveau à se questionner sur la relation entre l'optimisation de la performance et l'analyse vidéo.

∴

I. L'ŒIL

L'outil de base que l'entraîneur va utiliser pour observer la performance, et pour prendre des décisions quant à ces stratégies d'entraînement qu'il va appliquer dans ses séances, c'est son œil. Mais cet œil, de par son anatomie, va forcément être soit parfois limité, soit parfois trompé. Un œil humain ne peut pas se situer à deux endroits en même temps, et donc avoir différents points de vue d'un même mouvement. Il ne peut pas mesurer une vitesse, ni une récurrence statistique dans un événement sportif. Cet œil est indispensable, mais il est parfois insuffisant.

* Professeur de Sport à l'INSEP de Paris.

L'outil vidéo a aussi des inconvénients. L'inconvénient principal, sachant que l'observation est liée, est que les images de la performance restent subjectives. L'œil humain va regarder la vidéo, et son interprétation n'est pas parfaitement objective. L'interprétation, le choix et les prises de décision qui peuvent être faits par l'entraîneur suite à cette observation peuvent être erronés, ou partiellement, ou totalement.

On va donc associer un outil vidéo de haute qualité pour "améliorer" l'œil humain, on va synchroniser une mesure qui sera objective : une mesure de type biomécanique, soit de type physiologique, soit de type statistique ou autre.

II. LA TACTIQUE

C'est la partie théorique qui étudie les moyens, les procédés et formes de combat ainsi que leur utilisation contre un adversaire précis dans les conditions concrètes de combat pour la victoire. C'est aussi la représentation mentale du résultat à atteindre et la planification des moyens de manière à permettre de modifier le rapport d'opposition.

III. L'ÉVALUATION

Au cœur de ce métier d'entraîneur, l'évaluation organise les projets, les stratégies, les contenus d'entraînement suite à un combat.

Il est simple de parler d'évaluation, il est plus difficile de l'établir. Ces fonctions multiples rendent la tâche complexe.

Les critères à retenir peuvent varier si les objectifs manquent de clarté. L'évaluation ici, s'attache à la reconnaissance de ce que l'athlète a appris et stabilisé au cours de ses combats et qui lui permettra de s'approprier un savoir-faire futur représenté par des stratégies, des tactiques ou des techniques.

IV. ASPECTS D'ACTIONS APPRÉHENDÉES POUR DONNER TOUTE LA DIMENSION

A. Évaluer des compétences

C'est dans et par l'action que se réalise cette restitution. Le problème posé se réfère à un contexte qui conduit le combattant à mettre en relation ses ressources, le milieu physique, le milieu humain, la règle qui organise la discipline afin d'agir de façon efficace, voire efficiente, de produire une performance, de réaliser une production qui ait du sens. Dans ce cadre précis, le *kick-boxing* et le *muaythai* appartiennent au contexte, ils conditionnent la conduite motrice.

B. Observer et donner du sens

Le sens d'un combat dépend des représentations que chacun possède. Donner du sens nécessite que celui qui le regarde, possède et s'installe dans le registre de celui qui le réalise. Un certain nombre d'éléments sont alors à respecter :

- connaître le but à atteindre et la clarté des objectifs ;

- savoir quelles sont les compétences à mobiliser ;

- définir les conditions nécessaires et suffisantes pour agir au mieux.

Il convient, avant d'évaluer, d'observer, de repérer dans le comportement ce qui renvoie le plus sûrement aux compétences attendues, de s'attacher aux caractéristiques intangibles de l'action motrice, de relever les critères les plus pertinents de réussite de la tâche et du but à atteindre. L'observation précède l'évaluation mais il faut qu'elle soit objective. Pour être fiables, les observables seront limités en nombre et quantifiables.

C. Nécessité d'un contexte

Évaluer nécessite un référent, qui organise la réflexion et l'analyse. Les dimensions à considérer sont nombreuses :

- le niveau de compétence attendu ;

- les contenus d'entraînement enseignés ;

- le contexte dans lequel est placé le combattant ;

- l'activité pratiquée et ses règles qui l'organisent ;

- le volume de ressources à mobiliser.

Deux axes sont proposés :

- la performance ;

- la maîtrise de l'exécution.

D. La performance

C'est une production au meilleur niveau qui mobilise toutes les ressources nécessaires au combattant. Elle est dépendante des paramètres environnementaux qui l'organisent. Ces paramètres sont spatiaux, temporels, matériels, humains. Ils contextualisent la performance.

Celle-ci peut prendre plusieurs formes et être mesurée au regard du temps ou de l'espace en fonction du paramètre fixé. Elle est appréciée au regard de la difficulté technique et tactique introduite dans la production à réaliser. Elle est dénombrée au regard des points marqués.

E. La maîtrise d'exécution

Cette dimension trouve son sens, son authenticité dans la réalisation de la performance. Elle se rapporte aux compétences sollicitées. Le combattant doit effectuer des choix multiples dès lors où la discipline présente des repères variés, variables, mobiles et instables.

F. Intérêt d'une situation de référence

Les outils d'observation proposés ne sont pas exhaustifs mais illustratifs d'une démarche logique.

Ils présentent les caractéristiques suivantes :

- lisibilité ;

- simplicité ;

- rapidité d'utilisation.

En définitive, *« évaluer, c'est comprendre, éclairer l'action de façon à pouvoir décider avec justesse de la suite des événements »*.

Il faut se poser, avant toute autre considération, la question de savoir ce qu'est la pratique sur le versant de l'action motrice (son Signifiant) en même temps que sur celui de la Sémiologie générale, c'est-à-dire le sens dont elle est porteuse et celui que la société confère à sa présence sur la scène sociale (son Signifié).

Quand on parle de combat, de quoi parle-t-on exactement ? De sport, de spectacle, de *show-business*, d'un microcosme socioculturel fortement différencié d'une histoire orientale, d'un mythe transculturel ou trans-historique, au croisement de la symbolique, du réel et de l'imaginaire ?

Il faut organiser l'analyse et le discours sur L'AFFRONTEMENT, le combat, la compétition, du point de vue de l'Action motrice afin de pouvoir dire (en l'objectivant) la signification exacte du duel à partir du relevé de quelques éléments déterminants et incontournables.

Il n'est pas aisé d'observer et de commenter un affrontement en direct (ni même en différé). L'observation réalisée et sa verbalisation ne sont pas une chose aussi simple que l'on pourrait le croire *a priori*.

En général, on entend beaucoup de banalités, des lieux communs, des stéréotypes ou des délires, à l'écoute des coaches et autres entraîneurs ou journalistes. De notre point de vue, ceci s'explique par le fait que l'*émotion* prend le dessus sur l'observation objective et méthodique du complexe *technico-tactique* en jeu.

Les discours qui en découlent relèvent davantage du télescopage de la symbolique et de l'imaginaire que de l'analyse des praxies et du réel.

Nous parlons ici des signifiants porteurs de signifiés : il ne faut pas confondre l'ensemble des informations d'ordre physique, technique, tactique, réglementaire, avec ce qu'elles suscitent de projections affectives dans l'action.

L'objectif est donc de fournir un principe d'analyse de l'objet observé (le combat), d'après une organisation de son observation (une méthodologie), en faisant appel à certains "outils" car il est évident que l'on ne saurait enseigner (et entraîner à) une discipline sportive que l'on n'appréhende pas clairement.

Une fois le mot « *combat* » prononcé, les sportifs lui associent toutes les connotations stéréotypées que colportent les médias, les mythes de l'histoire ou ceux que les commerçants entretiennent.

S'inscrire dans un statut de « *combattant* », c'est ainsi se modéliser immédiatement sur des mots, des images et des symboles, en particulier ceux qui entretiennent les soubassements des pratiques socioculturelles en évoquant la violence et l'agressivité.

D'où les réticences des enseignants du secteur scolaire à aborder les sports de combat dans le cadre de leurs cours d'EPS, agressivité rimant assez mal (hors de la poésie) avec sécurité.

Il faut souligner l'importance d'une observation objective et méthodique, structurée et organisée, épurée de l'influence des facteurs socioculturels.

L'intervenant ne pourra proposer sérieusement un ensemble de discours, de stratégies et d'interventions, allant dans le sens des acquisitions par apprentissage de la vérité du combat, que s'il a lui-même accédé au préalable à une observation la plus juste possible de l'action motrice en jeu.

Cette forme d'affrontement codifié peut s'aborder par un truisme : il s'agit d'un sport de combat au cours duquel chacun des deux opposants doit frapper l'adversaire avec les coups autorisés.

S'il s'agit d'un sport de percussion, il se différencie des autres formes voisines grâce à quelques éléments simples mais pourtant incontournables et décisifs. Il s'agit donc de relever puis de dire les éléments (et leurs rapports) qui caractérisent la logique interne propre des sports pieds poings.

G. Les rôles

Les adversaires en face à face sont en situation d'interaction permanente dès que commence l'affrontement qui n'est jamais qu'une succession de « *phases d'attente* » et de « *phases d'échange* ». Dès que l'arbitre dit *"fight"*, le chronomètre démarre et immédiatement chacun tente de mesurer du regard la valeur de l'autre (son taux d'incertitude), tout en construisant son propre projet stratégique pour marquer un point ou conclure l'attaque décisive lors des phases tactiques, il s'agit de la phase d'ATTENTE qui n'est pas une phase de passivité mais au contraire une préparation à l'échange des coups.

Dès que l'un des deux combattants délivre le premier coup, nous entrons dans une phase dite d'ÉCHANGE. Par convention, celui qui délivre le premier coup est appelé ATTAQUANT ; l'autre sera donc dénommé ATTAQUÉ, même si le décalage temporel n'est que d'une fraction de seconde.

Figure 1 : Organisation des rôles dans un combat

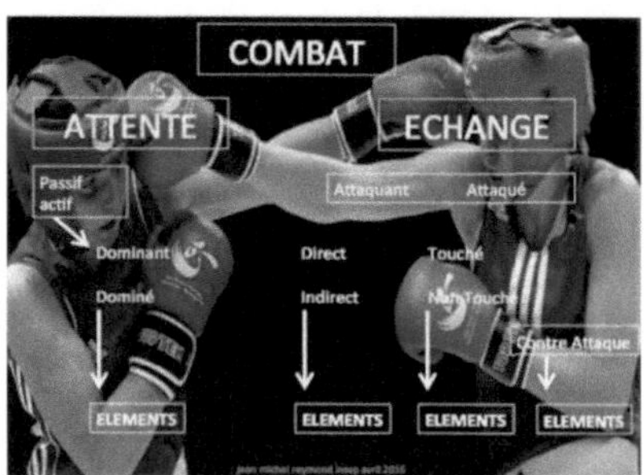

Nous verrons que ces rôles peuvent varier dans la seconde même car le jeu du duel relève de la contre-communication motrice (par opposition à la communication). Il s'agit en effet, pour chaque adversaire, de ne pas être compris par autrui, ou plutôt d'être mal compris (dans la perspective de la feinte).

Pendant la phase d'ATTENTE on distingue trois rôles :

En ATTENTE ACTIF DOMINANT En ATTENTE ACTIF DOMINÉ En ATTENTE PASSIF

Pendant la phase d'ÉCHANGE on distingue deux rôles :

ATTAQUANT ATTAQUÉ

H. Les sous-rôles

Pour le rôle ATTAQUANT, deux sous-rôles peuvent être mis en évidence :

ATTAQUANT DIRECT : C'est celui qui fonctionne sur le mode réflexe, qui saisit toutes les opportunités (erreurs de déplacement de l'adversaire, fautes de garde) telles qu'elles se présentent.
ATTAQUANT INDIRECT : C'est celui qui prépare ses attaques, qui a des intentions tactiques visibles par un placement élaboré, des déplacements stratégiques, des feintes préparatoires à l'"ouverture" lui permettant de déclencher ses coups.

Pour le rôle ATTAQUÉ, on distingue cinq sous-rôles :

ATTAQUÉ BLOQUEUR (Pareur)
C'est celui qui exécute des techniques de blocage (parades) avec les poings ou les avant-bras afin de neutraliser les coups de l'adversaire. Il s'agit de celui qui bloque, pare, ou chasse les coups qui lui sont destinés la plupart du temps avec les poings et les avant-bras. Il est donc touché mais pas sur la cible, et ne perd pas de point.
ATTAQUÉ ESQUIVEUR
C'est celui qui effectue des esquives de corps (sans déplacement des appuis), des esquives partielles (avec déplacement d'un appui), ou totales (avec déplacement des deux appuis), afin de ne pas être touché. Il importe d'éviter les coups afin de ne pas être touché sur la cible. On utilise des mouvements du buste (les appuis ne bougent pas), ou des esquives partielles (un appui se déplace), ou totales (les deux appuis se déplacent). Ce combattant est en position avantageuse car les deux poings sont libres et les deux pieds peuvent agir.

ATTAQUÉ CONTREUR

C'est un défenseur rapide qui déclenche son coup sur le coup adverse (en *cross*) dans un bon *timing* sans avoir effectué d'autres techniques de défense. Nous atteignons le haut niveau de pratique car le "contre" fait appel à l'anticipation à très grande vitesse. Il faut délivrer un coup dans le coup adverse. La perception doit donc être instantanée de même que l'exécution, ce qui suppose une extrême vigilance, des automatismes affûtés, un savoir-faire technique de haute précision, une très bonne coordination de tous les gestes.

ATTAQUÉ STOPPEUR

C'est le plus haut niveau du *timing*. C'est le coup d'arrêt déclenché avant même que l'adversaire n'ait déclenché le sien. Ce sous-rôle nécessite beaucoup de vitesse, de préaction (anticipation) et d'exécution. Cela se manifeste par l'utilisation d'un « *spécial* » juste au déclenchement de l'attaque de l'adversaire. C'est le résultat de l'anticipation de l'anticipation de l'autre, c'est chercher à annihiler l'attaque à son départ.

Il s'agit du meilleur *timing* nécessitant une perception très fine, une réponse motrice de type réflexe, travaillée à partir du montage d'automatismes non seulement au plan perceptivo-moteur mais encore au niveau du traitement de l'information (cognitif), soit un traitement mental du complexe technico-tactique à vitesse maximale.

ATTAQUÉ CONTRE-ATTAQUANT

C'est le sous-rôle le plus fréquemment observé pour lequel il s'agit d'effectuer une technique de défense (blocage ou esquive) puis de revenir en riposte rapide avant que l'adversaire ne se soit réorganisé

Ce sous-rôle rejoint donc le rôle d'ATTAQUANT indirect, puisque l'attaque (en contre) est préparée par une technique de défense.

Toujours dans un niveau de pratique supérieur, nous touchons ici au réseau de changement des sous-rôles témoignant d'une grande capacité d'anticipation, donc de la mise en œuvre de schèmes opératoires plus élaborés au service d'une gestuelle plus efficace.

Le contre-attaquant, par rapport au contreur, est celui qui effectue une action défensive avant une action offensive. Sur une attaque adverse, il fonctionne sur la gestion d'un complexe technico-tactique de défense (blocage, esquive) et il enchaîne en changeant de sous-rôle et surtout de rôle puisqu'il devient attaquant à son tour.

On peut à ce titre le considérer comme un attaquant indirect puisqu'il y a préparation de son « *attaque - contre-attaque* ».

Nous constatons, dès lors, que la boucle des rôles et sous-rôles est bouclée. La lecture du duel est complète. Il suffit de bien comprendre les réseaux de relations qui permettent la fluctuation et le passage d'un sous-rôle à l'autre.

Rappelons encore que cette fluctuation en « *va-et-vient* » s'effectue très rapidement et constamment pendant la durée de chaque phase d'échange.

Il est urgent et important de comprendre dans quelle situation d'attaque (dans quel rôle) de premier ou deuxième en action, le combattant est dominant ou dominé, dans quelle situation de défense (dans quel sous-rôle) de blocage, d'esquive, de contre ou de contre-attaque il prend l'avantage ou, au contraire, se fait dominer. Les corrections d'ordre pédagogique en situation d'apprentissage dans le cadre des séances au club ou les conseils d'ordre technico/tactique en situation de compétition ne seront pertinents que s'ils sont en correspondance avec la réalité de la dialectique de l'action motrice en question.

Nombre de pratiquants de haut niveau ne sont pas en mesure d'analyser et de restituer ce qu'ils ont fait en compétition lorsqu'ils rejoignent les rangs des entraîneurs/éducateurs. Ils se limitent aux références d'un vécu sans pouvoir l'expliciter : « *Fais comme moi* »...

Figure 2 : Les renversements de situations

Le combat en compétition et les jeux d'opposition en séance d'apprentissage deviennent plus facilement compréhensibles. Il faut avoir une vision volontairement organisée du combat permettant de comprendre ce qui se passe :

- pourquoi celui-ci est dominant pourquoi celui-là est dominé ? ;

- qu'est-ce qui a engendré le renversement de situation ? ;

- sur quels éléments doit-on influer pour changer l'aspect de la confrontation ? ;

- quels conseils d'ordre pédagogique après une observation centrée sur les conduites motrices ? ;

- quels conseils à la minute de repos en compétition ? ;

- que faudra-t-il travailler (points forts ou points faibles) lors des prochaines séances en salle ou sur la piste ?

V. PRINCIPES D'ÉLABORATION DES GRILLES

A. À partir des phases

Les facteurs de la logique interne de l'affrontement, que nous avons mis en évidence, doivent nous permettre de mieux concevoir l'élaboration de nos grilles d'observation.

Figure 3 : Tableau récapitulatif des observables

<table>
<tr><th colspan="2">EN ATTENTE</th><th colspan="2">EN ÉCHANGE</th></tr>
<tr><td>DOMINANT</td><td>DOMINÉ</td><td colspan="2">DOMINANT et/ou DOMINÉ</td></tr>
<tr><td>Observables positifs</td><td>Observables négatifs</td><td>Rôles</td><td>Sous-Rôles</td></tr>
<tr><td rowspan="2">Placement
Déplacements
Angles
Distance
Feintes</td><td rowspan="2">Déplacements
Cadrage
Vitesse
Réaction</td><td>Attaquant</td><td>Direct / Indirect</td></tr>
<tr><td>Attaqué</td><td>Pareur
Esquiveur
Contreur
Stoppeur/Bloqueur
Contre-Attaquant</td></tr>
</table>

Notre logique de construction des grilles est fondée sur la discrimination et la hiérarchisation des éléments observables, facteurs déterminants de la conduite motrice dans un jeu sportif de combat. Une fois identifiés, les rôles et les sous-rôles, replacés à l'intérieur des phases d'attente ou d'échange, ne peuvent échapper à l'observateur vigilant et averti.

Les « *éléments positifs ou négatifs* » sont identifiés, pour une large part, en praxéologie sous les vocables de *gestèmes* et de *praxèmes* (plus petits éléments signifiants de la motricité). Il s'agit plutôt de signaux indiquant les intentions tactiques du joueur et annonçant souvent ses changements de sous-rôles. De lecture de sa conduite motrice, les indicateurs essentiels ne se disent pas forcément immédiatement en termes de technique. Les gestes techniques existent en tant que tels mais ils ne sont jamais que la résultante de tout un ensemble de processus perceptivo-cognitivo-moteurs.

La technique en soi n'est jamais que l'outil ultime, le dernier maillon d'une chaîne de praxies dans un flux comportemental dû aux interactions sociomotrices. Aussi préférons-nous parler de « *formes de corps* », ou de « *gestuelles* », que de techniques traditionnelles dans le cadre de ce type d'analyse. Les coups de poings, coups de pieds, blocages, n'obéissent qu'à une seule condition : être délivrés avec leurs surfaces autorisées et arriver sur les cibles autorisées. L'arbitrage, c'est-à-dire le contrôle du respect du contrat ludique, ne sanctionnera pas une technique plus ou moins orthodoxe ; par contre, il relèvera et sanctionnera immédiatement une technique ne respectant pas les éléments constitutifs de la logique interne de l'activité : armes, cibles, espace, temps.

Les coups délivrés sont tout entiers dépendants des facteurs suivants :

Placement Distance de garde Angle d'attaque	Cible visée (étage + plan) Intention tactique de l'attaquant Réaction de l'attaqué

C'est en associant l'œil de l'entraîneur, une image vidéo de qualité et des mesures fiables que l'on peut proposer un système de prise d'informations pertinent pour un usage d'entraînement quotidien

B. L'apport de la vidéo à l'entraînement

Deux temporalités de distinguent alors :

- un retour immédiat, ou quasi immédiat, et un retour différé ;

- observation avec EASY TAG en relation avec DARTFISH.

Figure 4 : Les techniques offensives

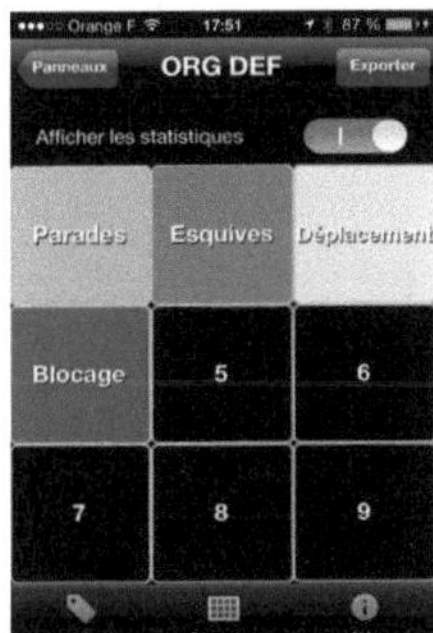

Figure 5 : Les techniques défensives

Figure 6 : Les sous-rôles et les thèmes développés

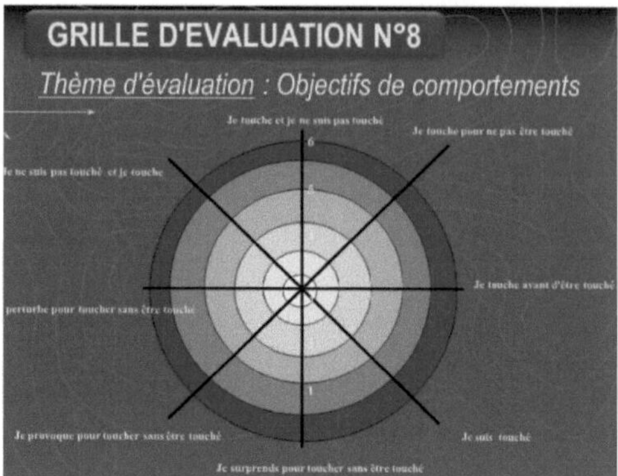

À l'entraînement, les modalités de retour instantané se construisent le plus souvent autour de séances mettant en avant le « *biofeedback* ». La vidéo prend alors véritablement part à la séance d'entraînement, dans le sens où l'outil permet à l'athlète de visionner son action quelques secondes après l'avoir réalisée (on obtient, en quelque sorte, du « *direct différé* »).

∴

Toutes ces données rentrent dans une base qui s'enrichit au fur et à mesure. L'entraîneur peut ensuite aller piocher pour afficher un profil statistique sur un combat, tout un tournoi, ou bien encore tous les combats, perdus ou gagnés en fonction des items qu'il a mis dans sa base.

Ces outils sont déterminants pour les entraîneurs pour la prise de décision sur les choix stratégiques : comment construire l'entraînement pour son propre combattant ? Quels sont les points forts, les points faibles de son protégé ? Quels vont être les axes de travail pour les séances à venir ?

La compréhension et l'atteinte de la performance de haut niveau s'inscrivent dans une approche multifactorielle. Tout élément ou information peut, à un moment donné, s'avérer déterminant et, au final, créer la différence dans la conquête d'une médaille mondiale ou olympique. Les technologies d'observation de la performance permettent aujourd'hui de disposer des informations qui, jusqu'à présent, n'étaient que peu accessibles aux entraîneurs et aux athlètes. Via l'utilisation de systèmes basés autant sur des parties matérielles que des parties logicielles, il est possible de fournir en direct ou en différé, à l'entraînement ou en compétition, des éléments déterminants pour l'aide à la prise des décisions les plus adéquates.

Les derniers développements technologiques permettent d'obtenir des systèmes combinant et synchronisant à la fois la prise d'images de haute qualité et le traitement de données (biomécaniques, statistiques) précises et fiables.

RÉFÉRENCES BIBLIOGRAPHIQUES

BENET Alain (1999), *Observation de la pratique du combattant. Pour une approche nouvelle de l'OBSERVATION de la pratique*, Paris, FFWDA.

ELIPOT Marc (2012), « Le troisième œil de la performance », *Réflexion Sports*, n° 3, février, pp. 26-38.

ELIPOT Marc (2015), « L'œil et le capteur : les technologies d'observation de la performance », *Réflexion Sports*, n° 11, septembre, pp. 66-82.

REYMOND Jean-Michel (2016), « Les entretiens de l'INSEP : la préparation à la performance dans les sports de combats », *Dossier spécial Réflexion Sports*, n° 12, janvier, pp. 68-120.

CHAPITRE 3

KARATÉ DE COMPÉTITION ET VIDÉO. OBSERVER, ENTRAÎNER, PRÉVOIR

Jérôme FRIGOUT*
Angeline LEPRESLE**

Si les entraîneurs de karaté filment les performances des sportifs qu'ils entraînent lors d'épreuves de compétition, il n'existe pas, à ce jour, de proposition méthodique de la FFKDA liée à ces observations, et à leur utilisation lors des entraînements.

L'entraîneur filme, annote, et "revisite" chaque combat pour qualifier et quantifier une victoire, une défaite ou un match nul. Ses travaux relèvent cependant de sa propre expérience, de sa formation initiale et continue, ainsi que de sa capacité à s'ouvrir aux autres activités sportives, ayant pu, ou non, travailler sur ce domaine de l'entraînement, voire proposer une méthodologie de référence, ou encore un logiciel.

Nous envisageons de mettre en perspective un modèle de performance avec un profil type de combattant à analyser par la vidéo. À partir de ce modèle, nous nous interrogerons sur la possibilité, à partir de ces fiches de combattants, de reconcevoir l'entraînement au combat de karaté comme un outil d'anticipation des méthodes adverses, incluant la connaissance précise des habiletés motrices et sociomotrices de l'athlète lui-même, de ses adversaires et les croisements possibles des interactions en découlant.

Il sera aussi question d'innovation, si chère au milieu sportif et aux performances exprimées par ses représentants. Nous pensons donc qu'il faut la concevoir comme le cœur même de l'intervention pédagogique de l'entraîneur en matière de préparation à la compétition combat en karaté.

Connaître et comprendre le sportif, l'adversaire, le système fédéral d'arbitrage et, parfois, de possibles influences systémiques (culturelles, politiques…) permet d'intervenir, de proposer, de co-valider et de mettre en œuvre ce qui ne l'est pas encore. C'est là que se trouve l'objet de notre recherche et de l'observation par la vidéo : monter des schémas stratégiques d'opposition

* Docteur en STAPS, Université Paris-Descartes, laboratoire TEC.
** Adjointe au directeur technique de la Ligue du Val-de-Marne de Karaté et Disciplines associées.

entre combattants afin de l'emporter d'un point ou d'un drapeau dans le temps réglementaire.

Jacques Piasenta (Piasenta, 1994, p. 6), entraîneur d'athlétisme, illustre nos propos : « *Sur le terrain, je perçois à l'œil nu avec une évidente acuité ce que je ne voyais pas il y a quelques années. Ce constat me persuade qu'il se déroule chaque jour certaines modalités de comportements d'un athlète pour lesquelles je suis encore aveugle. C'est ce qui me passionne.* »

Nous devons offrir à l'entraîneur au regard orienté une nouvelle acuité, et chercher avec lui à sortir des stéréotypes pour n'être que dans la recherche de prototypes en perpétuel renouvellement.

∴

I. OBSERVER POUR OBJECTIVER

Nous ne cessons d'entendre, au détour des stades de compétitions où se produisent les rencontres de karaté, des injonctions d'entraîneurs lancées à leurs sportifs : *gyaku !* (coup de poing arrière), *une-deux !* (action cyclique ou produite en seconde intention d'attaque), *mawash' !* (coup de pied circulaire)...

Ces actions expriment-elles les réelles possibilités qu'a un sportif de réaliser une habileté socio-motrice dans l'échange du combat, ou la vision que s'en fait l'entraîneur ? Il s'agit, bien souvent, de quelque chose qu'il ne peut pas réaliser (ne l'ayant pas suffisamment automatisé).

Quels sont, en ce sens, les écueils de l'observation selon Piasenta (*ibid.*, p. 50) ? Plusieurs éléments sont à mentionner :

- *on ne voit que ce qui nous concerne ou nous passionne.* L'entraîneur serait amené, selon l'auteur, à interpréter, et ce au moins en premier lieu, le fruit de ses observations à l'aune de sa propre pratique, de son expérience et de ses savoir-faire ;

- *la déformation professionnelle, où l'on ne voit que ce que l'on connaît.* L'année 2006 fut, en karaté, une année d'innovation importante, avec l'obligation du port des protèges pieds, l'application des marquages de points selon trois catégories (un point pour les coups de poings, deux pour les coups de pieds au corps, trois pour les coups de pieds au visage ainsi que les balayages suivis d'une frappe réalisée sur l'adversaire au sol), et l'autorisation des saisies en vue de projeter et balayer. Ce fut l'année blanche de l'équipe de France, apparemment inadaptée à ces nouvelles contraintes pourtant connues et auxquelles s'étaient préparées nombre de nations en lice. Ce fut, entre autres, l'année de la première consécration mondiale du combattant azéri Rafael Aghayev. Celui qui avait battu le Français Alexandre Biamonti (neuf fois champion d'Europe senior des moins de 65 kg, champion du Monde en individuel moins de 65 kg et champion du Monde par équipe) un an auparavant en sachant attaquer, sur des intentions variées, défendre en contrant et en truquant, et lutter pour réussir à balayer, avait pourtant donné des indicateurs apparents des changements d'arbitrage à venir ;

- *spécificité de la faculté de l'observation : l'immédiateté.* Dans un combat, on ne cherche de prime abord que ce qui consiste à marquer des points. Vient ensuite l'observation qui consiste à comprendre comment ne pas subir de marquage de points. Puis comment ne pas prendre de pénalités, comment en faire subir à l'adversaire, comment gagner d'un drapeau d'avance en cas de vote lors des matchs nuls, comment apprendre de la situation d'adversité et de l'échange, comment analyser un combat, et enfin comment créer une réflexion stratégique sur sa démarche. Or l'immédiateté empêche le combattant de vivre ces étonnants états de grâce (Ripoll, 2012, p. 201), qui permettent de construire et de mener un combat au terme de ce qui est tout à la fois le fruit d'une décision stratégique, d'une adaptation tactique menée *in media res* ;

- *d'abord on trouve, ensuite l'on cherche.* Véritable trace du système de détection fédéral de la FFKDA, cette phrase de Piasenta montre combien l'articulation entre détection et sélection de l'athlète procède d'un pari sur une éventuelle et souhaitée reproduction de la performance. En karaté, le sportif produit une performance le conduisant en finale des championnats de France ; ces finalistes sont détectés et opposés entre eux et à d'autres partenaires d'entraînements, afin de déterminer lequel des deux sera titulaire pour une compétition internationale. Mais, dans ce cadre de sélection, se joue la méthode d'entraînement qui permettra ou non au sportif de comprendre les enjeux de l'épreuve à venir, de franchir ses paliers de progression, d'effacer quelques manques ou points observés comme faibles, de reproduire sur commande ses habiletés visant à marquer des points. Et pour cela, l'entraîneur doit avant tout être en posture de chercheur.

Voici une illustration de ces écueils, tels que les perçoit en particulier Jacques Piasenta :

Photographie 1. Photographie d'un coup de pied marteau réalisé par Loni Boulesnane (athlète sur liste Senior, membre de l'Équipe de France 2014)

Source : http://www.ffkarate.fr

Cette photographie présente ce que peut être une recherche de distance effective de percussion dans l'exercice du combat arbitré. Les intentions d'impacts, de feintes et les tentatives de masquer ses intentions pour bénéficier d'une meilleure capacité à marquer un point peuvent ici se lire sur la tension des visages et le travail de force explosive exprimé par les deux adversaires. Le karatéka de droite exprime une très forte volonté de porter un coup, par la tension exprimée au niveau de son visage, mais aussi par le fait que ses bras sont entraînés malgré lui dans une désorganisation de sa garde défensive ; s'y ajoutent l'hypertension des muscles fessiers dans le contrôle postural et la tension musculaire exprimée jusqu'au bout du pied. Quant à l'autre karatéka, il est possible de déceler deux éléments distincts : l'émotion de peur exprimée par son visage et l'automatisation du travail des mains, plus particulièrement celle de la droite, qui croisant au niveau du visage, comme cela a dû inlassablement être répété à l'entraînement, lui permettra peut-être de dévier ou de bloquer *in extremis* le coup qu'il s'apprête à recevoir.

Passionné par l'impact du coup de pied marteau à venir, la probabilité d'esquive peut sembler improbable. Un entraîneur qui pratiquerait cette technique spectaculaire de jambe, dans ce type de distance (debout, distance de poings), et qui serait en capacité de marquer des points avec, pourrait modéliser et imaginer une issue certaine pour le combattant exécutant le coup de pied. Mais, sorti de l'immédiateté, et pour qui cherche à observer, nous pouvons considérer que le combattant de droite ne remporte, à la condition de valider les points liés à cette technique, qu'un avantage temporel limité. Tout comme il est tout à fait envisageable qu'il offre aussi à son adversaire la lecture de possibles informations quant à des prises de risques potentiellement inutiles, des appuis susceptibles de manquer d'efficacité en cas d'attaque non portée, un travail de bras très certainement inefficace en matière de défense possible.

Sans compter que l'esquive de buste amorcée par l'autre combattant peut le conduire à un travail de projection avec saisie, suivi d'une frappe réalisée sur le partenaire une fois à terre, lui permettant de valider ainsi trois points.

Dans cette tentative d'objectivation de l'observation, rappelons quelle est la fonction de l'outil vidéo : tout d'abord, on observe à quelque fin spécifique, et donc à dessein. Nous cherchons, dans un premier temps, à identifier des éléments. L'attaque part-elle de trop loin, laissant au défenseur des choix de réponses multiples plutôt que restreints ? Se fait-elle sur ses bons appuis, plutôt que sur des appuis en mouvement, discordants ou placés sur l'avant ? Dans un second moment, nous cherchons à objectiver ces observations, tant chez l'entraîneur que chez le sportif, pour convenir de ce qui est à utiliser, à masquer, à améliorer. C'est principalement à cette étape que se jouent les choix de l'entraîneur. Viennent ensuite la conceptualisation de l'entraînement, des choix d'apprentissage et mises en situations, la détermination des matchs tests et de réglage, et les enjeux et objectifs à venir. Ces différents diagnostics, réalisés tout au long de ce travail d'observation, constituent le véritable guidage de l'utilisation de la vidéo dans une pratique de combat de karaté.

Cette observation offrira des perspectives d'actions. L'entraîneur planifiera et programmera l'entraînement à court/moyen/long terme, à partir de multiples diagnostics réalisés. De nouveaux référentiels seront créés pour l'entraîneur et le sportif (l'arbitrage, les écoles diverses et les typologies de combattants), en vue d'optimiser l'acquisition de comportements, savoir-faire, habiletés.

Pour cela, l'entraîneur va adopter une méthodologie générale. L'observation sera d'abord chronologique, puis deviendra hiérarchique, une fois le diagnostic de l'apprenant réalisé, et les choix de méthode d'entraînement réalisés. Ce diagnostic aura pour enjeu, entre autres choses, de définir le niveau de maîtrise de l'apprenant : sera-t-il initié, orienté, entraîné, confirmé, expert, élite ? L'objectif fondamental de l'observation par la vidéo consiste à travailler avec l'apprenant à faire correspondre niveau de maîtrise et niveau de performance, c'est-à-dire (Le Scanff et Legrand, 2003) œuvrer à l'amélioration du processus de confiance en soi afin de permettre la capacité à fixer des buts. Optimiser le travail technique et tactique au service d'une performance, en collaboration avec l'entraîneur, sera aussi un des moyens (Le Scanff, 2004) de travailler à la gestion des émotions et du stress liés aux entraînements aux combats et aux combats eux-mêmes, en combinant les ressources de l'entraîneur et de l'entraîné au service de ce qui peut apparaître comme une tâche collective.

II. DÉFINIR L'ACTIVITÉ D'APRÈS SES CONTRAINTES DE LOGIQUE INTERNE ET SA RÈGLE AFIN DE PROPOSER UN MODÈLE DE PERFORMANCE

Qu'est-ce que le karaté de compétition, dit *shiai* ?

Tout d'abord, définir le karaté par sa contrainte de charge revient à le présenter comme tel (Fourré, 2003) : c'est un effort intermittent de type capacité anaérobie lactique. Il est caractérisé par des efforts (bio) mécaniques de force explosive, avec une composante pliométrique très importante. Cette pratique nécessite une bonne souplesse articulaire et musculaire, et fait usage de formes de vitesses variées et interagissantes (acyclique, cyclique, réaction sonore/visuelle/tactile/kinesthésique). C'est une pratique de combat imposant un traitement et une gestion de l'information (travail technico-tactique) très importantes. Les durées d'efforts sont de deux (femmes) et trois (hommes) minutes, temps plein (arrêts visant à attribuer les points et pénalités décomptés) et sept combats pour une phase finale de championnat (France/Europe/Monde). Sport de touche (frappes interdites) avant 2010, le karaté est redevenu un sport de frappe et touche (corps et visage) depuis, du fait d'une modification des règles liées au contact (KO corps et visage possible avec règle des 10 secondes –voir la finale des moins de 84 kg en 2010 au Championnat de France), dualité impliquant son lot de difficultés pour le corps arbitral dans le cadre de l'interprétation de la règle au moment de l'attribution des points.

Le karaté se définit ensuite par sa pratique réglementaire : d'après le Règlement d'arbitrage de la FFKDA (FFKDA, 2016), cette activité de combat est gérée par un arbitre central attribuant les pénalités, et quatre juges de coins indiquant les points marqués. En cas d'égalité à la fin du temps réglementaire, tous les cinq attribuent un vote de drapeau au vainqueur (esprit combatif et force, supériorité tactique et technique, initiative des actions). Pour valider un point, il faut tout d'abord réunir quatre critères (potentiel d'efficacité, vigilance, timing, distance) et avoir deux drapeaux minimum levés à la couleur de ses protections (bleues ou rouges) ; les quatre juges peuvent ainsi valider simultanément des points à chaque combattant (exemple : deux drapeaux pour bleu et deux drapeaux pour rouge). Des pénalités (catégorie une pour les contacts excessifs, catégorie deux pour les comportements interdits) peuvent être attribuées par l'arbitre central ; celui-ci demande alors à ce que sa décision soit validée par les quatre juges de coins. C'est par des arrêts de combat que points et pénalités sont arbitrés, ceci entraînant un fractionnement du combat, avec retour en position d'attente des combattants avant le redémarrage. Si huit points séparent ceux-ci, le combat est arrêté et la victoire attribuée à celui disposant du plus grand nombre de points.

Deux éléments supplémentaires sont à connaître en vue d'envisager d'entraîner des sportifs à ce type de compétition : la règle des dix secondes permet au corps arbitral d'interpréter si un coup porté et mettant hors combat un des deux adversaires doit conduire à une pénalité de catégorie 1 ou à une attribution de points car la technique est portée selon les critères, voire à une pénalité attribuée à celui qui est hors combat (catégorie 2 pour comportement interdit). D'autre part, l'utilisation de la *vidéo replay* permet à l'entraîneur posté dans le coin de son combattant de demander révision d'une décision d'arbitrage et d'obtenir une validation de points en passant outre l'observation et la validation des juges.

Photographie 2. Première de couverture de la règlementation des compétitions, saison 2016-2017 (Steven Da Costa réalisant le coup de pied *ura mawashi geri*)

Source : http://www.ffkarate.fr/wp-content/uploads/2016/09/Karate_Reglementation-Competition_2016-2017.pdf.

Ce corpus regroupe l'intégralité de la règlementation de compétition, et doit servir à l'entraîneur et à son athlète de base référentielle visant à structurer et orienter les séances de préparation. C'est aussi à partir de l'expression des besoins de développement athlétique et psychologique que le *coach* doit modéliser la performance sportive, et permettre une compréhension claire, exhaustive de celle-ci, ouvrant sur des potentialités, des pistes de recherche et de travail.

Avant de proposer un modèle de performance, on voit bien combien il importe, pour l'observateur vidéo, de maîtriser les éléments relatifs aux contraintes d'exercice et d'arbitrage, tant ces données influent sur ce que l'on cherche à observer, et pourquoi on réalise cette observation.

Voici une proposition de représentation des priorités à observer en karaté : le *maaï*, ou distance spatiale (Hall, 1971), ici entre combattants, est complété par une seconde notion (Tokitsu, 1979), celle de *yoshi* ou cadence/ rythme, qui est pour nous l'indice de comportements moteurs agressifs praxiques.

Figure 1. Représentation de la notion de *maaï* selon Tokitsu

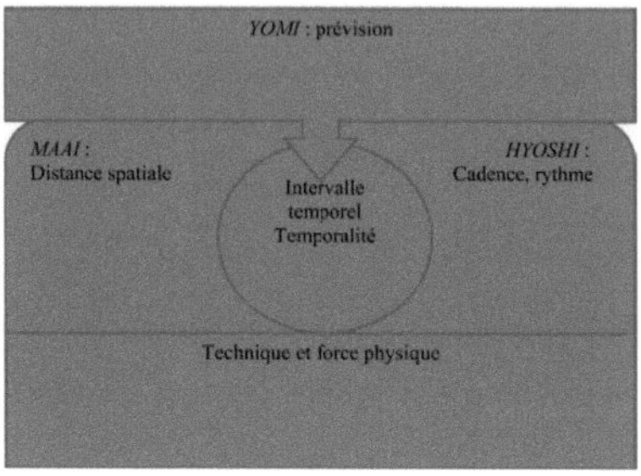

Source : Tokitsu, 1979, p. 69.

Dans ce schéma, Tokitsu interprète comment, selon les pratiques martiales, se vivent les notions de distance et le *maaï* décrit par Hall, en représentation des distances d'interactions sociales entre les individus. Dans sa démarche d'apprentissage, le karatéka devra aborder la distance le séparant de ses partenaires/adversaires comme quelque chose d'obligatoirement mouvant, et devra accepter l'échange produit sous formes d'exercices variés proposés par cette activité.

Ainsi, à l'aide de ce schéma, se lisent clairement les priorités de l'entraînement au combat : première priorité, le temps. Seconde priorité, les déplacements. Dernière priorité, la technique. Nous pouvons ainsi proposer une image-cible ou modèle de la performance en karaté.

Figure 2. Modèle ou image cible de la performance en karaté

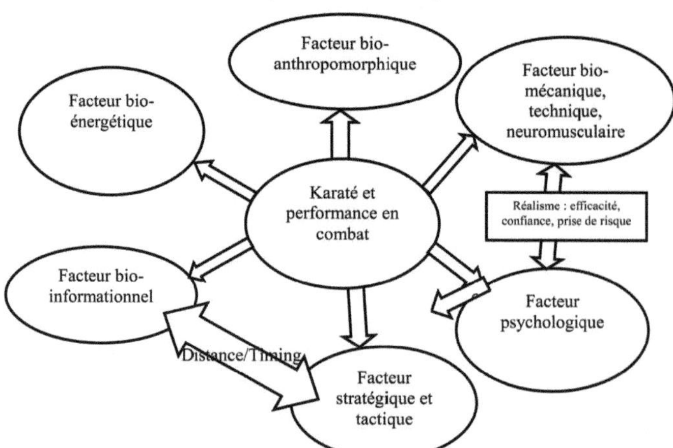

Ce modèle de performance présente, sans pour le moment les hiérarchiser, l'ensemble des facteurs intervenant dans la performance, et devant être au cœur du projet d'entraînement, comme autant de cibles à viser par le couple entraîneur/entraîné.

Si la figure 2 présente l'ensemble des facteurs liés à la réalisation d'une performance en karaté de compétition combat, il convient d'affiner cette présentation par un décryptage de ces facteurs et par la présentation d'une lecture hiérarchisée en priorités, telle que la figure 1 et ses principes l'explicitent.

Tableau 1. Proposition de hiérarchisation des facteurs de performance

Hiérarchisation des facteurs de performance	
Facteur tactique : gestion des huit points d'écart (place prépondérante, pied, balayage, chute), priorité à l'attaque (rôle central de la ligne au sein de la gestion de l'espace), remontée des mains sur garde haute (durcissement des coups au visage), simultanéité des points possible (recherche d'actions cycliques). Échauffement(s)/*Yoï*/ début de combat/1er point marqué (consolider ou reprendre)/corps du combat/10 secondes/ bilan et récupération, gestion des 10 secondes et de l'espace (surface tapis 8 x 8m), trois avertissements sans pénalités. *Types de combattants et associations possibles* : poing, pied, balayage, lutteur, attaquant, défenseur, contreur, truqueur, gaucher, droitier, ambidextre.	*Facteur bio-informationnel* : prise d'informations, décision, ajuster la réponse et l'exécution, contrôle rétro-actif, processus d'automatisation, créativité, adaptation, recherche de discordance. *Outils possibles* : analyse vidéo, fiche signalétique du combattant, statistiques.
Facteur psychologique : confiance en soi et prise de risque, rôle de la motivation (int./ ext.), concentration et attention, résistance au stress, gestion de l'effort, agressivité (nécessaire, mais à contrôler), préparation mentale et stratégies, gestion des ambiances et des attentes, nécessité de connaître ou d'analyser l'adversaire.	*Facteur bio-mécanique, technique ou neuromusculaire* : prophylaxie (gainage, proprioception, étirement, assouplissement), différents groupes musculaires (supérieur, tronc ou inférieur) et choix des modes de contraction en parallèle, travail de la précision (pied, poing, postures, qualité des appuis, déplacements) : coordination motrice, efficacité et efficience gestuelle.
Facteur bio-énergétique : activité intermittente, dominante CAL (nombreux types d'efforts), récupération (incomplète, active), musculation (anisométrique, isométrique, pliométrique, stato-dynamique), travail en PMA, importance des vitesses (endurance de force explosive) de types acyclique, cyclique et réaction.	

Facteur bio-anthropomorphique : catégories de poids, morphotype (rapport poids/taille et longueur des segments), gestion de l'alimentation : équilibration, hydratation, régime alimentaire amincissant ? Pertinence par rapport à l'efficacité et l'efficience.

La lecture et l'interprétation de la figure 1 (Tokitsu, 1979) permet de déterminer des cibles prioritaires, et d'autres secondaires, de l'entraînement.

Nous pensons qu'il convient (Fourré, 2003 et Biéchy, 2012) d'envisager qu'une analyse et une observation de la performance débouchent sur une prise de position nous amenant à considérer que, dans les disciplines de combat, la dimension du paradoxe technico-tactique met en balance « *s'exposer, réalisme, se protéger, créativité* » (Biéchy, 2012, p. 38), d'où la prégnance des facteurs tactiques, informationnels, psychologiques et techniques.

Cette modélisation de la performance rend possible la création de grilles d'observation, véritables mémoires statistiques et identités des combattants à des dates données, et remplies post-observation vidéo, lors de séances de visualisation.

III. PROPOSER UNE GRILLE D'OBSERVATION DES COMBATTANTS S'EXPRIMANT DANS UNE RÈGLE DONNÉE

À partir de la connaissance des contraintes de sa discipline (logique interne, contraintes énergétiques), et des données en lien avec l'arbitrage qui vont conditionner la validation de points, les pénalités, la victoire et la défaite, l'entraîneur peut alors monter des grilles plus ou moins complexes et fines, selon le niveau de l'athlète à observer. Remplir une grille lors d'une épreuve est difficile, voire contre-productif, tant l'entraîneur doit pouvoir noter des éléments parfois multiples, à peine perceptibles, et souvent dans un temps très court ; parfois, dans le cas d'actions enchaînées et échangées, ce temps n'est pas disponible.

Les critères à respecter en vue de créer une grille d'observation qui permettra de tirer des éléments de travail post-combat à mettre en œuvre pour l'entraîné sous les directives de l'entraîneur sont les suivants :

- *sensibilité* : c'est la mesure des écarts, la valeur discriminante. On fait donc passer deux personnes de niveaux d'habiletés différents ;

- *fidélité* : entre le test et le re-test. Chaque personne passe deux fois pour vérifier si des observations (mais pas forcément de même nature) peuvent être faites sur un même domaine d'observation ;

- *validité* : un test est valide s'il mesure bien ce qu'il est censé mesurer. On cherche ici à mesurer le niveau de performance des habilités motrices, et non pas à enregistrer la victoire ou la défaite ;

- *pertinence* : entre le test et l'objectif de l'évaluation. On fait passer deux stagiaires en situation de duel afin de refléter au plus près une situation de type compétitive. La gestion du stress intervient ainsi que la présence du corps arbitral (représenté par les co-évaluateurs) ;

- *accessibilité* : ici, l'évaluation est relativement facile de réalisation. Elle ne nécessite qu'une mise en situation, une grille d'observation et un chronométrage du temps.

Nous pensons que, dans le cadre d'une observation vidéo, l'entraîneur seul, dans un premier temps, doit effectuer le travail d'analyse et de statistiques des productions de l'athlète ; ce travail une fois fait, alors seulement l'athlète pourra à son tour avoir lecture de la grille ainsi remplie, lui offrant une vision factuelle de sa performance. Cette grille, si elle s'applique à l'athlète entraîné, s'applique tout autant à ses adversaires, qu'il conviendra de connaître afin de produire, post-observation, des schémas d'entraînement tout autant que des schémas stratégiques d'opposition. Voici, ci-après, une grille d'observation possible, montée d'après la logique de l'activité et en connaissance des règles d'arbitrage.

Tableau 2. Proposition d'une grille d'observation à utiliser à l'aide des enregistrements vidéo

Statistiques / Actions	Effectuées garde gauche	Marquées garde gauche	Pourcentage de validation	Effectuées garde droite	Marquées garde droite	Pourcentage de validation
Attaque 1re/2e/3e intention						
Parade riposte						
Contre						
Blocage seul						
Esquive seule						
Sorties subies						
Sorties validées						

Précision à apporter pour chaque remplissage : action réalisée en ligne (L) ou cercle (C) ; action de poing (PO), de pied (P), de balayage (B), de lutte (L). *Exemple* : POL1 en colonne garde gauche marquée, ligne attaque, s'il s'agit d'une attaque de poing en ligne portée en première intention et ayant marqué.

L'objectif de cette grille est en premier lieu de retenir, pour l'entraîneur, des productions réalisées par un athlète sur une manifestation donnée. Cet objectif aide à le confronter à ses productions en vue du maintien ou de l'adaptation d'une planification et d'une programmation d'entraînement.

Cette grille remplie par l'entraîneur, il nous paraît important, au regard des besoins de l'athlète, de travailler sur la motivation tout comme sur le réalisme, d'interroger le karatéka sur ses émotions et ses sensations au cours des combats, et de remplir une grille secondaire. Nous inspirant de différents travaux (Le Scanff et Legrand, 2004 ; Biéchy, 2012), l'entraîneur pourra alors faire un retour vidéo post-combat et réguler avec l'athlète les éventuels décalages entre faits (coups marqués, victoires et défaites, statistiques des points forts et faibles) et croyances (sensations positives ou négatives), et ainsi, toujours dans le cadre d'un guidage de l'entraînement réalisé depuis la règle d'arbitrage, réorienter vers les besoins réels : ceux de l'athlète en vue de la manifestation sportive et des enjeux à venir. Cette seconde grille est à remplir par l'athlète (tableau 3).

L'objectif de cette seconde grille est d'offrir un espace d'expression à l'athlète, afin de maintenir son implication dans le projet d'entraînement en le faisant participer à son élaboration. C'est aussi un moyen de régulation et d'objectivation de ses émotions et de ses sensations que l'on obtient en le confrontant à la grille d'observation de l'entraîneur, tirée des résultats de l'observation vidéo.

Tableau 3. Ressenti de l'athlète : une grille d'observation à faire remplir

		Avant *hajimé*	**Après *hajimé***	**Lors du 1er échange**	**Dix dernières secondes**	**Après le combat**	**Deux minutes après**
Sensation (1)	Fatigue						
Douleurs musculaires (2)	Bras						
	Jambes						
	Tronc						
Émotions (3)	Excitation						
	Appréhension						
	Apathie						
Difficultés et déplacements (4)	Lourdeur/ piétiner						
	Précision						
	Maintien/ gainage						

	Garde						
Relâche (5)	Concentration						
	Débordement						
Manque (6)	Souplesse						

Facteurs de la performance auxquels renvoient les sensations : (1) et (2) = énergétique et biomécanique neuromusculaire ; (3) = psychologique ; (4) = biomécanique, technique ; (5) = tactique ; (6) = biomécanique neuromusculaire.

Enfin, d'autres observations complémentaires peuvent être faites, et être co-remplies par l'entraîneur et l'athlète simultanément :

Tableau 4. Proposition d'une grille d'éléments complémentaires

Échauffements : combien de temps ?		x minutes	
Avant l'épreuve :	Légère sudation	Oui	Non
	Léger essoufflement	Oui	Non
	Faim	Oui	Non
	Soif	Oui	Non
Rythme cardiaque :	Avant	x pulsations	
	Après	y pulsations	
	2 minutes après	z pulsations	
Heure du coucher la veille :			
Heure du coucher (moyenne) de la semaine :			

Ces informations complémentaires à celles de l'entraîneur et de l'athlète apporteront, là encore, des éléments factuels supplémentaires aux observations tirées de la vidéo en vue de la planification et de la programmation de l'entraînement.

Nous pouvons utiliser ces différents tableaux en complément de l'observation vidéo. Une fois la grille entraîneur renseignée, d'après visualisation de la vidéo, il devient intéressant de croiser l'ensemble des éléments : les statistiques des actions produites par l'athlète, les sensations décrites par celui-ci et les éléments pratiques complémentaires liés à sa compétition du jour.

Le croisement de ces données fournit une objectivisation des habiletés, et contribue à définir le niveau de maîtrise réel et non fantasmé. Il permet aussi de corréler si, oui ou non, ce niveau est exprimé par la performance du jour, ou s'il y a décalage, du fait par exemple d'un état médian de gestion du stress non atteint. Ce croisement de données nous offre la définition du type de combattant qu'est l'athlète. Ce traitement d'informations a aussi pour objectif de devenir le préalable, comme vu plus haut, à la planification et à la programmation de l'entraînement à court/moyen/long terme. C'est à la suite de ce travail que vont se créer de nouveaux référentiels, comportements, savoir-faire ou habiletés. Une telle approche s'applique à l'athlète entraîné comme à ceux qui lui sont opposés, dans le but de créer des schémas stratégiques d'entraînement et de permettre des adaptations tactiques possibles au sein même des combats. Là encore (Biéchy, 2012), *s'exposer, réalisme, se protéger, créativité*, sont quatre éléments de contraintes pouvant être jugés antagonistes. Ceux-ci vont, en réalité – car ils s'expriment dans la règle et par la règle –, nous servir à définir un combattant et à connaître son champ de compréhension et d'implication dans le processus d'arbitrage.

IV. FICHER LES COMBATTANTS ET PROPOSER DES MODÉLISATIONS D'ENTRAÎNEMENTS

L'analyse des productions tirées de l'observation vidéo a pour but de comprendre, dans une règle spécifique, comment pouvoir s'exprimer et pouvoir s'opposer à un adversaire. En karaté, cela signifie gérer, dans un temps et un espace donnés, un adversaire à qui on offre au maximum un point ou un drapeau de moins qu'à soi-même, et vis-à-vis de qui on veille à équilibrer la prise de risque par rapport à la confiance en soi en vue de se préserver d'un éventuel hors combat toujours possible (KO).

"Lire" un adversaire à qui on va opposer un athlète que l'on entraîne, et dont on connaît aussi les productions, afin lui "barrer la route" dans son tableau éliminatoire ou son éventuelle poule, est l'effet recherché à l'entraînement et en compétition lorsque ces événements sont menés à l'aide des résultats quantifiés des observations vidéos.

On trouvera, page suivante, une fiche-type de combattant (Tableau 5) telle que l'on peut la proposer, suite aux observations réalisées à partir des travaux de vidéo et de remplissage de grilles.

Cette fiche résume les habiletés d'un athlète en matière de productions validées par le corps arbitral, en situation d'opposition compétitive et d'arbitrage réel. Elle s'applique autant à l'athlète entraîné observé à la vidéo, qu'à ses adversaires connus et observables à venir.

Connaître un athlète par le biais d'un outil statistique, fruit d'une observation vidéo à l'instant *T*, va objectiver, pour l'entraîneur, de nouvelles directives de travail, dans la cadre de la règle d'arbitrage, et en adaptation avec les habiletés de l'athlète validées par les arbitres. Vont clairement apparaître ce qui tactiquement doit être dissimulé, ce qui est maîtrisé et doit donc être entretenu, ce qui est à analyser *in media res* et ce qui est à exploiter. C'est, pour

Biéchy, la véritable quadrature du combat (Biéchy, 2012, p. 37) ou, en tous cas, une vision dite “systémique” des travaux que l'entraîneur doit conduire pour l'entraîné, en vue de la performance et de la victoire.

Tableau 5. Proposition d'une fiche de combattant, permettant de connaître les habiletés de l'athlète entraîné et de ses adversaires

Modes d'actions utilisées	***Techniques retenues***	***Côté privilégié***
Attaquant : Intention 1/2/3 ? Quels segments ? Quelles techniques ?	*Poing* : Quelles techniques ?	*Droitier* : Quels segments ? Quelles techniques ?
Défenseur : Axe ? Désaxe ? Poursuiveur ?	*Pied* : Quelles techniques ?	*Gaucher* : Quels segments ? Quelles techniques ?
Contreur : Quels segments ? Quelles techniques ?	*Balayage* : Quelles techniques ?	*Ambidextre* : Utilisation des segments différents ? Utilisation des diverses techniques ?
Esquiveur : Remiseur ? Truqueur ? Judoka ? Percussions ?	*Lutteur* : Quelles techniques ?	*Changements de gardes* : Quels segments ? Quelles techniques ?

Connaître des voies possibles vers des combats victorieux pour l'athlète que l'on entraîne, exige de connaître les règles et, plus encore, les tendances actualisées qui mènent arbitre et juge à acter telle ou telle décision. Ces tendances observées parmi les arbitres existent, elles aussi, en karaté : initiative de la prise de décision au moment de l'action, voire légère anticipation afin d'éviter des coups portés trop durement et les blessures occasionnées par ceux-ci, ou attente de l'effectuation de l'action et du coup porté ; tolérance ou intolérance au contact ; prise d'initiative de donner ce qu'il croit avoir vu toucher ou ne donner que ce qu'il a effectivement vu toucher. Ces sont des exemples de ce que l'entraîneur a le devoir de connaître de sa discipline, de la logique interne de celle-ci, s'il veut mettre en œuvre une capacité à vaincre un adversaire pour l'athlète qu'il entraîne. Cela comprend la règle précise, ses tendances actuelles et ses évolutions possibles. Nous rappelons qu'ici vaincre signifie uniquement battre un adversaire dans le cadre d'une activité sportive, le karaté, et d'après des règles précises (comme cela a été vu plus haut), tout ceci dans le cadre d'une symbolique supplémentaire incluant une civilité qui, si elle n'a pas été précisée jusque-là, implique un salut obligatoire pré et post-combat.

Quelles préconisations devons-nous en tirer ? Dans le cadre d'un travail réalisé par observation vidéo, il importe, dans la discipline karaté, de connaître l'athlète et ses opposants par des méthodes de quantification de leurs productions motrices, ainsi que les évolutions de l'arbitrage et de la mise en œuvre de celui-ci, et là encore par des données quantifiées sur ce qui valide ou non des points, des pénalités, des levées de drapeaux sur décisions. Il convient de connaître enfin les nécessités qui découlent de ces observations : le devoir de l'entraîneur et de l'athlète d'évoluer avec cette règle, et de tenter régulièrement d'être à l'anticipation de celle-ci, par des productions innovantes en la matière (Piasenta, 1994 et Biéchy, 2012). On peut observer, en ce sens, le travail remarquable de Rafael Aghayev (cinq fois champion du Monde, neuf fois champion d'Europe, vainqueur des Jeux européens et mondiaux).

∴

Dans l'adaptation cinématographique de la vie de John Nash *A Beautiful Mind* (Howard, 2001), la découverte de l'équilibre dit "de Nash" est mise en scène par une stratégie de séduction. Quatre camarades de Nash souhaitent séduire une fille parmi les cinq présentes. Nash leur explique que, s'ils suivent individuellement leur intérêt, ils tenteront tous les quatre de séduire la plus belle. Ils vont alors se court-circuiter et essaieront, par la suite, de se reporter sur l'une des quatre restantes. Mais « *personne n'aime être un second choix* », leur tentative est donc vouée à l'échec. La meilleure stratégie serait de s'entendre pour séduire chacun l'une des quatre autres filles évitant, de ce fait, tout court-circuit. Ils augmenteraient ainsi considérablement leurs chances de succès.

Nash en déduit que la théorie de la main invisible de Smith est lacunaire. Ce à quoi ses camarades rétorquent qu'il ne s'agit là que d'une stratégie destinée à lui permettre de séduire la plus belle. Cette situation ne semble pas être un exemple d'équilibre de Nash, puisque chaque individu est tenté de tricher pour avoir la plus belle à lui seul. Il y a ici un point focal (la belle) qui empêche de garder l'équilibre en prétendant aller séduire seulement les autres filles. Cependant, si on suit le raisonnement de Nash, et si toute tentative de conquérir la belle à plusieurs amène à un échec total (perte de la belle et des quatre autres filles), alors, de fait, l'ensemble des stratégies proposées est un équilibre ; on peut remarquer qu'il en existe quatre autres, toutes aussi valables. D'autre part, on ne peut pas en déduire que la théorie de la main invisible est lacunaire dans ce cas précis, car bien que les quatre camarades vont se court-circuiter, ici la concurrence n'est un échec que parce que la belle peut n'en choisir aucun.

Revenant au karaté, nous pouvons nous demander s'il n'existe pas un équilibre de Nash (Nash, 1950) possible dans les épreuves de compétition, et plus particulièrement dans les choix faits par deux compétiteurs pour s'opposer et se court-circuiter mutuellement. Ceux-ci peuvent, en effet, tout au long du combat, marquer simultanément des points, s'ils obtiennent respectivement deux drapeaux chacun. Et dans un second parallèle que nous établissons ici (Clausewitz, 2014), et qu'il conviendra de nuancer, peut-on envisager que la friction (des résistances imprévues et à prévoir) s'impose à tous les protagonistes et qu'au combat, l'avantage va au défenseur ?

Comment, pour l'entraîneur, faire le choix d'une méthodologie d'entraînement stratégique à la compétition, et mettre en place différents schémas d'adaptation tactique ? Faut-il s'abstenir du spectaculaire par une stratégie fondée sur une relative prudence (provocation pour travailler en parade riposte) et s'imposer comme le fit Nadège Ait-Ibrahim aux championnats du Monde 2012 ? Faut-il, au contraire, une stratégie audacieuse (attaque en deux, voire une seule intention) qui conduisit Steven Da Costa au titre européen en 2014 par trois coups de pieds au visage (tout en se faisant balayer trois fois) ? Faut-il finalement s'imposer de ne rien s'imposer, et revenir par l'entraînement aux quatre éléments clefs (Biéchy, 2012), tel Rafael Aghayev ?

Photographies 3, 4 et 5. Illustrations d'actions de combats de Nadège Ait-Ibrahim, Steven Da Costa et Rafael Aghayev (de gauche à droite)

Sources : http://combat.blog.lemonde.fr/2012/11/21/bercy-tes-karatekas-sont-la/dsc_0179-2/ ; http://www.evenementsffkarate.fr/championnats-d-europe-seniors-5-8-mai-montpellier-france/actualites/67-kg-steven-da-costa-commence-bien ; http://en.karate.az/news/55.

On peut souligner, à travers ces différentes photographies, quelques potentialités technico-tactiques réalisables en karaté : un coup de poing en contre-attaque effectué par Nadège Ait-Ibrahim, un coup de pied porté au visage par Steven Da Costa, une projection réalisée au corps-à-corps par Rafael Aghayev.

Quelles tendances choisir alors pour les entraîneurs, et quels sont les éléments prégnants à relever des observations devant mener à l'innovation, et à quel moment de la carrière sportive ? Chercher la simultanéité des validations de points peut être une option visant à minimiser les gains pour minimiser les pertes. Mais l'absence de recherches et d'éléments statistiques en l'état ne nous permet pas, à ce stade, de confirmer ou d'infirmer si l'équilibre de

Nash ou la théorie défensive de Clausewitz peuvent s'appliquer et modéliser l'entraînement.

Observer permettra d'entraîner plus efficacement à la performance, l'analyse des observations montrant des éléments à exploiter, voire ce qui doit être créé. Toujours selon Biéchy, cette démarche offre une compréhension et une modélisation d'une discipline à un moment donné de sa pratique.

L'observation vidéo nous conduit à reconnaître qu'en karaté, les facteurs tactiques (dont l'arbitrage) et informationnels priment sur les autres et déterminent les modalités d'entraînement à la compétition, y compris l'entraînement des autres facteurs. Si observer ne permet cependant pas de prévoir la performance, c'est un outil et une étape pour s'en approcher.

RÉFÉRENCES BIBLIOGRAPHIQUES

BIÉCHY Jean-Philippe (2012), *Approche systémique de la performance sportive*, Paris, Amphora.

CLAUSEWITZ Carl *von* (2014), *De la guerre*, trad. fr., Paris, Tempus (1re éd. en allemand : 1832).

FÉDÉRATION FRANCAISE DE KARATÉ ET DISCIPLINES ASSOCIÉES (FFKDA) (2016), *Règlement d'arbitrage*, Montrouge.

FOURRÉ Mathieu (2003), *Le Karaté. Préparation physique et performance*, Paris, INSEP.

HALL Edward (1971), *La Dimension cachée*, trad. fr., Paris, Seuil (1re éd. en anglais : 1966).

LE SCANFF Christine (2003), *Manuel de psychologie du sport. 2. L'Intervention auprès du sportif*, Paris, Éd. Revue EPS.

LE SCANFF Christine et LEGRAND Fabien (2004), *Psychologie. L'essentiel en sciences du sport*, Paris, Ellipses.

NASH John (1950), « Equilibrium points in n-person games », *Proceedings of the National Academy of Sciences of the United States of America*, National Academy of Sciences, pp. 48-49.

PIASENTA Jacques (1994), *Apprendre à observer. Un plaidoyer pour une formation à l'observation du comportement du sportif*, Paris, INSEP.

RIPOLL Hubert (2012), *Le Mental des champions. Comprendre la réussite sportive*, Paris, Payot.

TOKITSU Kenji (1979), *La Voie du Karaté. Pour une théorie des arts martiaux japonais*, Paris, Seuil.

CHAPITRE 4

BOXE ET VIDÉO : DE L'ENTRAÎNEMENT À LA FORMATION

Mustapha TAHOURI*

L'historiographie de la Fédération française de boxe (FFB) laisse apparaître nombre d'expériences en lien direct avec l'outil vidéo. Pour une majorité, il s'agissait avant tout de s'essayer à cet exercice technique pour le moins délicat. Les objectifs poursuivis caressaient de nobles finalités tout en venant buter sur des manquements méthodologiques souvent accompagnés d'aléas politico-décisionnels. Néanmoins, la richesse des tentatives dénote la permanence de cadres d'État ou d'entraîneurs nationaux soucieux d'utiliser les nouvelles technologies dans la préparation des boxeurs français.

En boxe, il est commun d'entendre les spécialistes vanter les mérites de la vidéo dans l'apprentissage et le perfectionnement technico-tactique. Ces experts restent cependant bien silencieux sur les différentes méthodologies de l'observation, de l'analyse et de transmission de l'enseignement dans un cadre d'entraînement. La pluralité des approches, le non-positionnement méthodologique affiché de la FFB représentent autant de freins au développement harmonisé de cet outil. Ainsi, chacun se rapprochera des expérimentations des prédécesseurs débouchant, pour une majorité, sur des carcans sclérosés. Si l'usage de l'analyse vidéo s'étend d'un mode binaire à une méthodologie globalisante et interactive, la palette des possibles succès et erreurs s'accroît continuellement. Les dissonances conceptuelles demeurent tout autant une chance d'innovation mais également un risque de décadence du niveau national des boxeurs. Au-delà des diverses expériences fédérales plus ou moins heureuses, nous discuterons de l'exigence méthodologique qui sied à toute tentative d'accès à la très haute performance.

Les formations d'entraîneur organisées par la FFB se sont orientées, ces dernières années, vers une logique plus techniciste. La rigueur gestuelle des boxeurs tendait à s'amoindrir et devenait un facteur handicapant à la performance. Des contenus de formation ont été revisités pour pallier ces manquements. Une harmonisation sémantique a été impulsée par la validation des ensembles techniques de la FFB. Cependant, la démocratisation de ces contenus, via les cursus de formation, achoppe sur des conceptions et des représentations "ancestrales" bien tenaces. Au-delà des mots et des images, il

* Professeur de Sport, conseiller technique national en charge du Service des Formations au sein de la Fédération française de Boxe.

faut laisser place à la visualisation. Le recours à des « *capsules vidéos* » comme contenus d'enseignement pourrait être une piste à travailler.

Si la vidéo prend tout son sens en perfectionnement sportif pour l'accès à la performance ou encore comme outil pédagogique dans la transmission de contenus d'enseignement aux futurs entraîneurs, elle représente pour la FFB un puissant levier de démocratisation et de promotion. En tant que Fédération délégataire et, de surcroît, reconnue d'utilité publique, la FFB se doit d'intégrer toutes les souches de la société, de répondre à tous les publics et de ne pas circonscrire la discipline à sa composante purement compétitive. Ainsi, des vidéos de démocratisation ont été élaborées et mettent en avant les vertus sociales du noble art. En parallèle, ces initiatives nécessitant des têtes d'affiches ont "impacté" sur la visibilité de certains sportifs de haut niveau. Une brèche promotionnelle s'ouvre alors et permet à des boxeurs non professionnels de se professionnaliser.

∴

I. LA VIDÉO COMME OUTIL D'ACCÈS À LA PERFORMANCE

Le secteur haut niveau englobe la totalité des équipes de France. Le décompte des sportifs concernés sur liste ministérielle au 3 juin 2016 affiche 39 hommes et 19 femmes, toutes catégories d'âge et de poids confondues. Arithmétique oblige, le nombre de ces athlètes croît avec celui de licenciés de la FFB.

A. Expérimentations fédérales

La FFB écrit son histoire en se reposant sur les individualités qui la composent. Pour retracer l'historiographie de l'usage de la vidéo, il nous faut inévitablement questionner la mémoire vivante de cette fédération. Le témoignage de certains cadres d'État, entraîneurs nationaux à la retraite, nous donne matière à réflexion. Les différentes expériences relatées débutent dans un passé relativement proche. L'avènement et la démocratisation tardive des outils d'enregistrement vidéo doivent inciter le lecteur à pondérer son analyse quant aux succès relatifs et éphémères de ces sursauts temporels.

Si, de nos jours, chaque foyer est équipé d'une caméra numérique, en 1977, Denis Giraut, conseiller technique régional en Île-de-France, soulignait que l'accès à du matériel d'enregistrement s'avérait bien plus compliqué. C'est donc auprès de la direction régionale des sports qu'il lui était possible d'emprunter un caméscope le temps d'un week-end. L'année suivante, la FFB s'équipe de caméscopes noir et blanc. Le montage des séquences vidéo en est à ses balbutiements avec des tâtonnements plus ou moins heureux.

En 1981, la section Haut Niveau, portée par les évolutions technologiques, se dote de caméscopes (VHS) couleurs. L'encadrement se sent alors plus professionnel, et l'engouement débouche sur des esquisses méthodologiques dans l'objectivation de ces analyses. La définition de grilles d'observation et le visionnage des séquences avec les athlètes se multiplient.

Durant cette même année, la FFB a réalisé sa toute première distribution de caméscopes à grosses cassettes VHS aux comités régionaux. Cet équipement, bien que sommaire et encombrant, s'apparentait à une révolution fédérale. Il s'agissait, à l'époque, pour les CTR(s) de mettre en place de manière novatrice une approche technique et pédagogique de la boxe basée sur la vidéo.

En mai 1981, lors des championnats d'Europe qui se déroulèrent à Tampere en Finlande, une commande avait été faite par Fernand Morin, alors DTN, auprès de Daniel Lemoine, cadre technique d'État, pour filmer l'ensemble des combats dans la perspective de déterminer les critères technico-tactiques du haut niveau. Bien que correctement réalisée, cette opération ne donna aucune suite, et Daniel Lemoine de conclure : « *Les cassettes sont restées dans un placard en raison du manque de moyens techniques nécessaires pour* [en] *traiter le contenu.* »

Courant 1985, une initiative régionale vit le jour au travers des « *Week-ends techniques* ». Cette expérimentation reposait sur le rassemblement des meilleurs boxeurs régionaux le temps d'un week-end tous les deux mois. Selon le cadre référent, Denis Giraut, la logique de ces entraînements atypiques s'apparentait à « *un marathon de leçons individuelles* ». Chacun des boxeurs venait avec sa propre cassette et ainsi s'enregistrait en leçon individuelle. Une fois cette dernière achevée, les entraîneurs visualisaient immédiatement la séquence en apportant des orientations techniques directement travaillées dans l'atelier suivant. Certains entraîneurs étaient donc mobilisés pour dispenser des leçons individuelles en continu. Ce passage cyclique par l'atelier de visionnage de la leçon individuelle représenta une première en la matière et permit une progression rapide des boxeurs. Cependant, l'éloignement temporel de ces « *Week-ends* », couplé à la difficile accessibilité des outils vidéo pour les clubs, amena à un essoufflement de cette expérimentation.

En 1993, le secteur Haut Niveau initie, en étroite collaboration avec un psychologue, une expérimentation relevant du domaine de la motivation et de l'estime de soi. Pour renforcer le sentiment de compétence et pallier certaines appréhensions lors des compétitions majeures, un montage vidéo a été réalisé. La spécificité de cette vidéo reposait sur la succession de séquences où tous les boxeurs de l'équipe de France se retrouvaient en position de domination, de réussite, souriants et/ou déterminés. Si, pour Edgar Thill (Thill, 1999), l'estime de soi renvoie aux jugements de valeur que nous portons sur nos compétences physiques, intellectuelles ou sociales, cette expérimentation vidéo aura tenté de créer une dynamique en renvoyant aux athlètes des images positives d'eux-mêmes. Si l'impact sur l'estime de soi et sur le sentiment de compétence ne pouvait se borner à ce seul paramètre audiovisuel, il était un élément parmi d'autres, et sa contribution demeure relative, d'autant plus que celle-ci n'a pas été mesurée, que ce soit objectivement (questionnaire d'estime de soi, auto ou hétéro-évaluation de la motivation…) ou subjectivement (ressenti des boxeurs et des entraîneurs). De plus, plusieurs recherches, plus récentes, sur l'estime de soi montrent à quel point ce concept se révèle difficile à cerner clairement du fait de la multiplicité de ses sources et de ses manifestations. L'estime de soi est à envisager dans une perspective dynamique, associant deux processus : un processus de préservation, qui tend à maintenir le niveau antérieur, et un processus d'adaptation, qui tend à tirer cette estime dans le sens des perturbations liées aux événements de vie. Ainsi, au-delà du niveau d'estime, il convient de s'intéresser à sa variabilité. S'il peut être intéressant d'élever ce niveau, il faut également songer à en assurer la préservation. Ainsi, si la proposition de ce montage vidéo se montre honorable, on peut douter de son efficacité dans le temps, une amélioration fiable et solide s'inscrivant dans un travail à plus long terme.

Tantôt sous initiatives personnelles d'entraîneurs nationaux, tantôt sous impulsions politiques fédérales, l'histoire de l'utilisation de l'outil vidéo n'a de récurrent que son inconstance. Ces diverses expérimentations doivent prudemment être étudiées au prisme des contingences historiques et de l'évolution technologique des différents supports vidéo.

B. L'analyse vidéo en discussion

Il est de ces sportifs qui marquent l'histoire et qui prennent en otage l'émotionnel national. C'est notamment le cas du boxeur Alexis Vastine, athlète charismatique et attachant que la France redécouvre lors des Jeux olympiques de Londres en 2012. Quatre ans après son élimination injustifiée à Pékin en 2008, il essuya une élimination similaire, un même drame sportif. En 2012, les Français s'insurgent devant l'élimination de leur favori en quarts de finale dans la catégorie des moins de 69 kg sur décision des juges. Alexis est effondré et anéanti devant ce que tout le monde considère comme un vol manifeste. Certaines disciplines ont désormais recours à la vidéo dans le but de dépasser les passions et de trancher objectivement. Pourquoi pas la Boxe ? Dans cette logique, la délégation française posa réclamation pour contester la décision des juges concernant ce combat. Après visionnage, la commission rejeta la réclamation et maintint sa décision. L'entraîneur exprimera avec virulence son point de vue : *« C'est une décision insupportable. Sur la troisième reprise, Alexis fait cavalier seul, c'est lui qui marque toutes les touches. Il a pour nous six touches de différence sur la dernière reprise. Il faut que les arbitres s'achètent des lunettes, ce n'est pas possible. »*

Photo 1 : Quart de finale aux JO de 2012 de Londres, le Français Alexis Vastine en larmes après sa défaite face à l'Ukrainien Taras Shelestiuk. Une décision d'arbitrage controversée semblable à celle de Pékin 2008.

Source : AFP/Jack Guez pour *L'Express* du 7 août 2012.

Selon Pierre Bourdieu, les points de vue ne sont que des vues à partir d'un seul point (Rémy *et al.*, 2015). En se rapprochant des propos du sociologue, nous pouvons mettre en lumière le caractère subjectif de toute observation. Notre discipline ne s'apparentant pas à une épreuve métrée, il s'avère impossible de s'accorder de manière systématique sur des décisions arbitrales. Cependant, certains semblent encore surpris par le verdict partagé d'un combat. Pour faciliter la compréhension, un léger détour réglementaire s'impose. Dans la nouvelle configuration du mode d'arbitrage en boxe olympique, chacun des cinq juges placés aux bords du ring attribue, à l'issue de chacun des rounds, dix points en faveur du boxeur qu'il estime vainqueur. L'autre boxeur se verra attribuer neuf, huit ou sept points en fonction de la différence de domination (10-9 ; 10-8 ; 10-7). Chacun des juges opère, de façon discrète, pour éviter toute influence extérieure. À l'issue du combat, chacun propose un vainqueur. La table des officiels recueille les propositions des juges et deux d'entre elles sont éliminées au hasard. L'annonce du vainqueur se fait ainsi au nombre de juges. Nous pouvons avoir des boxeurs gagnants par décision unanime 3/0 (3 juges à 0) ou par décision partagée 2/1 (2 juges à 1). Si chacun des juges doit s'arrimer vigoureusement aux critères de jugement déterminés en amont, il est courant d'observer, sur ces mêmes critères, des avis partagés mais néanmoins défendables. C'est le lot commun des disciplines à jugement humain. L'usage de la vidéo pourrait pallier certains ajustements sommaires sans pour autant annihiler le propre de l'être humain dans sa perception du réel. Les exemples sur cette thématique sont légion.

L'analyse vidéo est une constante dans les compétitions majeures. Déjà aux Jeux olympiques d'Athènes en 2004, les organisateurs donnaient l'opportunité aux entraîneurs de visionner les combats des sessions passées aux fins d'analyser les futurs adversaires. Il nous semble nécessaire de souligner le caractère fastidieux d'une telle démarche car souvent tributaire du personnel en charge des enregistrements. Ces dernières années, les vidéos de tous les combats se retrouvaient sur le site internet de l'AIBA (Fédération internationale de boxe), et les boxeurs filmaient certains combats qu'ils pouvaient transmettre aux entraîneurs avec toujours la même logique. Mais depuis les championnats du monde amateur à Doha 2015, la FFB a fait le choix de déléguer un référent vidéo lors de chacune des sorties des équipes de France. Il s'agit, pour ce délégué, de filmer tous les adversaires potentiels et ainsi de permettre aux entraîneurs nationaux d'élaborer des stratégies ou schémas tactiques pour les prochains combats. Questionné sur ce revirement, Kévinn Rabaud, DTN en exercice, nous confiera : « *Paradoxalement, cette compétence à filmer nos boxeurs et leurs potentiels adversaires s'est perdue car tous les combats se retrouvaient sur* YouTube *via l'AIBA. Après réflexion, il s'agit de deux choses différentes. Nous devons reprendre la main sur notre propre séquençage vidéo.* »

Photo 2 : Exemple de décision lors du Championnat du Monde, DOHA 2015

Source : Vidéo AIBA.

L'analyse vidéo occupe une place certaine dans l'accès à la performance. L'étude des combats des futurs adversaires se fait de manière plus méthodique. On définit de réelles stratégies d'observation. Les boxeurs sont classés, hiérarchisés, en fonction des qualités technico-tactiques ou encore des morphotypes. Les "Écoles de boxe" semblent également participer de cette classification. Les Cubains développent un style bien identifié mais rien n'est jamais étanche. Le Français Alexis Vastine se faisait appeler le « *Cubain blanc* ». Par moment, le style atypique nécessite, à lui seul, un classement particulier. Pour l'observateur, une vidéo renseigne sur un nombre important de paramètres. Cependant, force est de constater que l'analyse se voit parasitée en permanence. Un conditionnement dans la discrimination des informations nécessite un entraînement supplémentaire. Selon Boris Cyrulnik (Cyrulnik, 1995, p. 24), « *on ne perçoit* […] *qu'une partie de ce qui est, mais on la perçoit à notre manière* ».

Ainsi, les entraîneurs nationaux développent des stratégies d'observation et d'analyse bien personnelles. Ces dernières garantissent un haut niveau d'expertise lié à l'expérience des différents tournois, championnats et rencontres. La fréquence d'utilisation de cet outil vidéo présuppose également une organisation cognitive bien particulière, axée sur une utilisation *a posteriori*. Bien que l'usage de la vidéo soit ancré dans les modes d'entrainement, l'aspect chronophage représente un frein non négligeable.

Photo 3 : L'œil aiguisé de Mariano Cosme, Entraîneur national, lors d'un entraînement au Pôle France Boxe, INSEP 2016

Source : Sport Expertise Clément.

Si la place de l'entraîneur lors d'une analyse vidéo résonne tel un truisme, celle de l'athlète soulève quelques interrogations. En effet, au-delà de la stratégie participative ou non du décryptage de la vidéo échafaudée par le "coach", nous notons des sensibilités différentes émanant des athlètes. Le boxeur doit-il observer, de manière scrupuleuse, son futur adversaire ou se tenir à l'écart pour donner toute la latitude à l'entraîneur dans la définition de la stratégie ? Nous voulons dépasser le questionnement de la « pédagogie du sens » pour arrêter la focale sur les ressentis, les croyances et les certitudes des boxeurs. Concernant les boxeurs de haut niveau, nous pouvons mettre en lumière deux types de profil bien distincts. Certains, à l'instar de Mahyar Monshipour, sextuple Champion du Monde WBA de 2003 à 2006, ou encore de Souleyman Cissokho, capitaine de l'Équipe de France, participent activement à l'élaboration des stratégies lors de la préparation d'un combat. S'opèrent alors des analyses vidéo conjointes où la place du boxeur est à l'égale de celle de l'entraîneur. Même si l'évidence est de mise, nous ne traiterons pas ici des difficultés sous-jacentes d'un tel procédé lorsque des dissonances apparaissent et que des décisions ambitieuses doivent être prises. Un autre profil de boxeur se dessine en la personne de Romain Jacob, Champion d'Europe 2016. Questionné sur son implication dans l'exercice de l'analyse vidéo, il répond spontanément : « *Mon père et mes entraîneurs regardent et décortiquent les vidéos de mes adversaires. Moi, beaucoup moins, un ou deux rounds, pas plus. Je ne sais pas, ça peut être déstabilisant car je risque de me focaliser sur des attitudes qui ne se reproduiront pas le jour du combat. En plus, le type de vidéos observées peut jouer sur l'aspect psychologique et me déstabiliser.* » Nous soulignerons simplement le degré de confiance du boxeur pour ses entraîneurs, qui sied à ce genre de positionnement.

Photo 4 : Mahyar Monshipour en application d'un geste technique travaillé sur mesure pour ce championnat du monde

Source : MMK.

II. LA VIDÉO COMME OUTIL DE FORMATION

Les supports pédagogiques se sont développés de manière exponentielle ces dernières années. Le « *tout informatique* » supplante de loin les nostalgiques polycopiés aux senteurs d'alcool. Et, dans cette course effrénée, le formateur use et abuse des supports les plus en vogue. Si l'outil « *Power Point* » connaît un succès majeur et stable dans la majorité des formations, l'avènement des vidéos tend à lui faire de la concurrence.

La FFB, en tant qu'organisme de formation, totalise en 2015 pas moins de 2 982 heures de formation au travers de 80 stages, encadrés par 32 formateurs sur 15 centres différents. Les quelque 250 stagiaires en formation d'entraîneurs de boxe suivent des formations sensiblement identiques du fait de la volonté d'harmonisation nationale. Force est de constater que les supports pédagogiques bornant les propos des formateurs sont un gage de cette harmonisation.

Une volonté politique, couplée à une analyse des habilités des boxeurs de haut niveau, a impulsé en 2009 la refonte des formations d'entraîneurs. Une place de choix a été accordée à la composante « *Technique* ». La « *pédagogie de la découverte* », devenue trop prégnante et handicapante, cède sa place pour réhabiliter un schéma et des logiques d'enseignement plus "technicistes". Un travail de fond fut réalisé et donna naissance à la production des « *Ensembles techniques* ». Ces derniers décortiquent la boxe en partant des fondamentaux relatifs aux déplacements par impulsion-répulsion jusqu'à des situations particulières en passant par les différents statuts du boxeur. Néanmoins, si la production semble complète dans son énumération, elle l'est beaucoup moins dans son illustration. Les problématiques sous-jacentes se font alors sentir. Dominique Nato, DTN à ce moment-là, l'exprime très clairement : « *On a fait un travail remarquable [...]. Il manque des illustrations vidéo pour chacun des éléments techniques [...]. Si je verbalise un direct du poing avant, il y aura autant de visualisations, de représentations du geste que d'acteurs autour de la table.* »

Photo 5 : Séquençage vidéo assisté par ordinateur, Pôle France Boxe, INSEP 2016

Source : INSEP, 2016.

Le service des formations de la Fédération ambitionne de s'attarder sur la vidéo pédagogique comme outil permettant de dispenser de manière plus efficiente ses contenus d'enseignement. Il s'agit de faire un état des lieux de l'usage de la vidéo dans nos formations d'entraîneurs et de boxeurs et, au travers d'un projet, de dégager les volontés fédérales en les confrontant à un cadre scientifique et universitaire.

A. La place de la vidéo lors des formations d'entraîneurs

La FFB forme chaque année environ 250 entraîneurs. Le potentiel impact sur les clubs et leur évolution est de taille. Les contenus dispensés peuvent ainsi influencer les générations d'entraîneurs en devenir. Bien évidemment, il ne s'agira pas d'occulter un facteur puissant de réticence au changement au travers des entraîneurs (et tuteurs) déjà en place. La mise en place de formations thématiques devrait inciter "les anciens" à accompagner le mouvement en marche et tenter de pallier certains décalages intergénérationnels.

La formation de Prévôt fédéral intègre l'usage de la vidéo à plusieurs niveaux et vise des objectifs différents :

- une vidéo d'un combat de championnat du monde met en évidence le boxeur chinois Zou Shiming (trois fois Champion du monde de boxe amateur en 2005, 2007 et 2011, et deux fois Champion olympique en 2008 et 2012). Ce visionnage vient accompagner une séquence de cours relative aux intentions tactiques des boxeurs. Des incrustations de texte viennent questionner les stagiaires sur les notions d'attaques directes, indirectes et d'attaques par anticipation. Il s'agit, avant tout, de faire verbaliser les stagiaires en utilisant un jargon spécifique pour décrire les actions et se permettre, avec prudence, d'en exposer les intentions. Nous jouons sur la "lecture" des boxeurs et de leurs intentions tactiques en situation de combat. Pour exemple, visuellement, une attaque par anticipation échouée peut s'avérer être une contre-attaque directe réussie. Le boxeur aura donc touché son adversaire avec succès mais en partant d'une intention tactique différente. Entre le prévu et le réalisé, il y a parfois un monde ;

- la formation de Prévôt fédéral est dispensée sur le mode de l'alternance et du tutorat. Par conséquent, des travaux inter-stages sont à réaliser dans les clubs. Parmi ces différents travaux, il en est un qui repose sur l'analyse vidéo d'un combat de demi-finale nationale. Le stagiaire doit focaliser son attention sur le boxeur rouge afin de discriminer toutes les informations nécessaires pour dresser une fiche-type. Il devra ensuite réaliser une programmation d'entraînement à destination d'un de ses boxeurs avec, pour finalité, la rencontre du boxeur rouge et du sien en finale du championnat de France dans deux semaines. Des grilles d'observation se construisent par les stagiaires avec toujours cette logique d'accompagnement par les formateurs. Là encore, lors de ces séances, nous pouvons observer les différents degrés de discrimination des caractéristiques du boxeur rouge. Entre les analyses plurielles, des points communs apparaissent néanmoins ;

- le prévôt fédéral en formation (ou Prévôt stagiaire) est en droit de seconder un boxeur amateur dans le coin. Il y a quelques années, il était demandé aux stagiaires de se faire filmer en train de "coacher" lors d'une compétition ou d'un gala. Cette séquence enregistrée devait permettre au stagiaire et aux formateurs de disposer d'un support concret pour discuter des compétences et des manquements constatés. Si l'usage de ce procédé reste intéressant à bien des égards, trop de paramètres viennent parasiter son authenticité et son usage. Il est d'évidence que le stagiaire jouera un rôle qui ne reflètera qu'en partie la réalité de ses capacités et limites. De plus, l'usage de cette vidéo et le retour critique de la part des formateurs se retrouvent chronophages et se font parfois au détriment de contenus de formation, peut-être davantage prioritaires.

Que ce soit pour apprendre à "lire" un boxeur, à préparer une échéance ou encore pour s'observer en situation, l'usage de l'outil vidéo se développe et se diversifie. Sur un plan pédagogique, la FFB affirme sa volonté de multiplier les espaces de discussion entre les stagiaires autour d'outils tels que la vidéo. Tout l'enjeu de ces procédés repose sur l'émergence et l'utilisation du « *conflit sociocognitif* » cher à Yves Bertrand (Bertand, 1993) qui l'identifie comme une « *source d'apprentissage* ». Afin d'affiner l'analyse de cet outil pédagogique, nous voulons "visiter", avec Bourgeois et Nizet (Bourgeois et Nizet, 1997, pp. 160-161), un des différents arguments tirés de leur revue de littérature et le confronter à notre réalité en boxe. Selon ces derniers, le conflit sociocognitif « *favoriserait une décentration de l'individu par rapport à son propre point de vue, par la prise de conscience de réponses possibles autres que la sienne* ». Nous touchons là un point crucial des caractéristiques d'une frange de notre public. Les certitudes et les convictions ancrées dans l'imaginaire de certains stagiaires limitent leur capacité d'apprentissage et de remise en question. Nombreux sont ceux qui viennent en formation non pas dans l'optique d'acquérir des savoirs et savoir-faire mais bien aux fins de "régularisation" ou, tout au moins, pour récupérer un diplôme d'entraîneur qui leur reviendrait de droit au regard des heures de bénévolat passées en salle de boxe. Au cours de ces séances, les formateurs doivent être vigilants et distribuer la parole de manière équitable. Ce procédé, intelligemment mené, donne l'occasion à certains stagiaires "timides" de se prononcer et d'argumenter sur des cas concrets. Les fortes personnalités, aux certitudes bien intégrées, ont ainsi l'opportunité d'entendre, voire d'écouter, des collègues venant élargir leur vision et enclencher un possible questionnement basé sur le point de vue d'autrui et sur des modèles explicatifs alternatifs. Mais rien n'est gagné d'avance et les limites qui apparaissent donnent à rediscuter des choix stratégiques en matière de formation.

Photo 6 : Pôle France Jeune Boxe en séance d'analyse vidéo, Nancy 2016

Source : FFB 2016.

B. La vidéo : de deux objectifs distincts naît un projet commun

Le service des formations et le Pôle France Jeune se rencontrent sur un projet commun utilisant la vidéo comme support de travail. Nous avons, plus haut, détaillé les besoins de la formation en matière de séquençage des multiples éléments alimentant les huit "Ensembles techniques" arrêtés par la FFB. Fraîchement créé en septembre 2015 au CREPS de Nancy, ce Pôle accueille une douzaine de boxeurs cadets et juniors de niveau national et international. La volonté des entraîneurs du pôle étant d'intégrer davantage l'outil vidéo dans la progression technique de leurs boxeurs, un projet commun se dessine. Ce projet ambitieux et novateur peut se décliner en deux volets interdépendants et répondant chacun à des questionnements bien ciblés.

Le premier concerne la légitimité d'un tel projet dans la mesure où la reconnaissance de l'outil vidéo dans le processus d'apprentissage ne va pas forcément de soi. Sans exhaustivité aucune, nous noterons que l'usage de la vidéo :

- permet de définir plus précisément les tâches ou gestes techniques à réaliser ;

- aide le boxeur à modifier son comportement et à formuler les règles d'action ;

- facilite les *feedbacks* (visuels, kinesthésiques...) et donc la construction de schémas moteurs adaptés ;

- et enfin, engage l'apprenant dans une démarche active d'analyse, d'appropriation et d'autonomisation.

Photo 7 : Analyse technique assistée par ordinateur, Pôle France Boxe, INSEP 2016

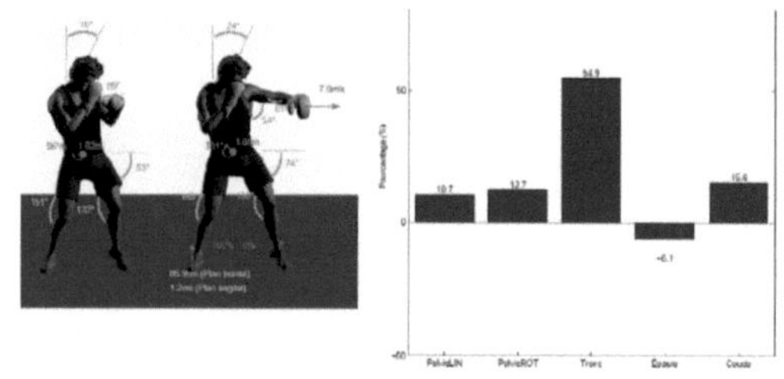

Source : INSEP, 2016.

Concernant ce recours à la vidéo, nous pouvons entrer plus en profondeur et nous attarder sur la construction de *feedbacks* extrinsèques pouvant renseigner tant sur la connaissance du résultat (CR) que sur les connaissances procédurales (CP). La visualisation donne alors accès à une comparaison entre le "réalisé" et la représentation mentale du geste que le boxeur s'était construite suite à la démonstration ou à la consigne (Schmidt, 1993). L'importance de cette comparaison est évoquée par Albert Bandura (Bandura, 1980). Ce type de retour d'information concourt à l'affinement des représentations mentales et sert de référence à la programmation des actions ultérieures. Qu'il s'agisse de l'orientation de l'appui arrière lors de la délivrance d'un Direct Poing à la face, de l'atteinte d'une cible particulière comme le plexus ou encore du positionnement du Poing avant en garde haute, la preuve et l'argumentation par l'image s'avèrent bien plus persuasives que des injonctions ou conseils de l'entraîneur. La confiance en la potentialité de cet outil s'avère primordiale pour en développer et en explorer ses potentialités pédagogiques.

Photo 8 : Analyse technique assistée par ordinateur, Pôle France Boxe, INSEP 2016

Source : INSEP, 2016.

Une fois que la conviction dans l'usage de l'outil vidéo est installée, le second volet consiste à se pencher de manière pragmatique sur l'objet à filmer, sur l'orientation de la focale. Si les disciplines telles que la gymnastique artistique sont en avance sur le séquençage vidéo à des fins de perfectionnement technique, il en est autrement pour la boxe. N'étant pas une discipline morphocinétique, nous avons la lourde tâche de prendre continuellement en compte les aspects tactiques lors de l'élaboration de chacun des éléments techniques. Le risque d'erreur est permanent dans la mesure où un geste sera sensiblement différent en fonction de l'intention tactique du boxeur en action. En prenant l'exemple de l'exécution d'un Direct Poing avant à la Face (DPavt F), nous nous retrouvons contraints de définir si ce geste se réalise avec une intention d'attaque directe, de feinte ou de préparation d'attaque. En effet, les engagements des appuis, des articulations, les transferts de poids de corps et autres vont différer suivant les statuts et intentions du boxeur. Dans la même logique, la question se pose des séquençages vidéo n'impliquant qu'un seul boxeur dans une discipline d'opposition où l'interaction avec l'adversaire conditionne le paramétrage, voire la justesse du geste. Certaines séquences vidéo ont été produites. Elles donnent à observer, de manière plus ou moins détaillée, des gestes techniques réalisés par des sportifs de haut niveau. Ces gestes sont épurés de toute intention tactique, le geste pour le geste, en milieu aseptisé. Si ce genre de production pédagogique peut répondre à des commandes promotionnelles ou de développement des clubs et de la pratique, la question de l'authenticité de la boxe reste entière, voire problématique. Une réelle posture est à prendre en matière de conception du geste technique. Nous pouvons remettre en comparaison le DPavt F du boxeur et la traction/poussée des membres supérieurs en natation lors du crawl. D'un côté, un geste qui, selon notre point de vue, n'existe et ne se décline qu'en réponse à une intention tactique elle-même conditionnée, en partie, par l'opposition à un adversaire. De l'autre, un geste pouvant se réaliser de manière identique indépendamment des autres participants ou de la longueur du bassin. Notre conception, notre posture idéologique nous invite à ne considérer la technique qu'au prisme de l'intention tactique lui donnant elle-même naissance. Par la même occasion, nous militons pour une utilisation minime, voire ponctuelle, de séquençages d'éléments techniques aseptisés et vides de sens. Une posture qui, pour certains, semble anodine en apparence mais qui, en réalité, revêt un travail vidéo d'une toute autre forme.

∴

La Fédération française de Boxe œuvre depuis des décennies à l'intégration de l'outil vidéo dans ses différents secteurs. Du "haut niveau" au "développement" en passant par la "formation", ses utilisations sont multiples mais trouvent comme dénominateur commun des impulsions davantage individuelles que collectives. Les priorités fédérales fluctuent au gré des joutes politiques et du mouvement des conseillers techniques. Nous avons pu *zoomer* sur certaines expérimentations plus ou moins heureuses. Cela nous a donné l'occasion de discuter avec entraîneurs et boxeurs des diverses méthodologies relatives aux analyses vidéo lors des préparations d'échéances importantes. Les différents points de vue alimentent des questionnements ayant trait aux personnes en présence autour de l'objet vidéo comme de l'importance accordée à l'outil lui-même. Au-delà de l'accès à la performance, le développement du séquençage des différentes techniques de boxe doit venir alimenter les contenus éducatifs toujours plus nombreux. Mais là encore, le curseur se figera sur la posture à adopter dans la définition même du terme "technique". La dissonance se fait entendre entre la notion d'une "technique boxe", épurée de toute contingence tactique, et les tenants d'une vision plus "contextualisée", pour qui la composante tactique conditionne une "technique boxe" ne pouvant exister isolément. Le projet d'envergure liant le Service des Formation et celui du Pôle France Jeune nous renseignera prochainement sur les difficultés opérationnelles de chacune des postures idéologiques en matière de productions vidéo.

RÉFÉRENCES BIBLIOGRAPHIQUES

BANDURA Albert (1980), *L'Apprentissage social*, trad. fr., Bruxelles, Mardaga (1re éd. en anglais : 1977).

BERTRAND Yves (1993), *Théories contemporaines de l'éducation*, Lyon, Chronique sociale.

BOURGEOIS Étienne et NIZET Jean (1997), *Apprentissage et formation des adultes*, Paris, PUF.

CYRULNIK Boris (1995), *De la parole comme d'une molécule,* Paris, Seuil.

MERIAN Thierry et BAUMBERGER Bernard (2007), « Le feedback vidéo en éducation physique scolaire », *Staps*, n° 76, 2e semestre, pp. 107-120.

RASCLE Olivier et SARRAZIN Philippe (2005), *Croyance et performance sportive*, Paris, Éd. Revue EPS.

RÉMY Eric, GARCIA-BARDIDIA Renaud et TRIZZULLA Caterina (2015), *La Sociologie de Pierre Bourdieu. La consommation par les pratiques*, Cormelles-le-Royal, EMS.

THILL Edgar (1999), *Motivation et effort*, Paris, PUF.

SCHMIDT Richard (1993), *Apprentissage moteur et performance,* Paris, Vigot.

CHAPITRE 5

LE DEVENIR DE LA VIDÉO DANS L'APPRENTISSAGE DES SPORTS DE COMBAT AU SEIN DES DISPOSITIFS DE FOAD

Marjolaine SENÉ*

Ces deux dernières décennies ont vu les dispositifs de Formation ouverte à distance (FOAD) se multiplier. L'évolution de ces derniers est étroitement liée à l'avancée technologique, notamment en termes de Technologies de l'Information et de La Communication (TIC). Aujourd'hui, nous pouvons avoir accès à une profusion de données sur tous les sujets imaginables à chaque instant d'un simple clic. Les *afficionados* des sports de combat n'échappent pas à ce constat et recherchent sur la toile les moyens d'enrichir leurs connaissances ou de progresser plus rapidement via des vidéos. Ces dernières se sont imposées sur les plates-formes Internet et les réseaux sociaux. On perçoit cependant qu'elles pourraient présenter quelques limites malgré leur énorme potentiel en termes d'apprentissage. On peut alors se demander quel sera leur devenir dans l'apprentissage des sports des combats au sein des dispositifs de FOAD. Comment, dans le futur, seront-t-elles utilisées et optimisées ? Pour tenter de répondre à cette question, nous allons tout d'abord présenter les sports de combats, la vidéo et les conditions de son adéquation avec notre système cognitif ainsi que les dispositifs en question. Après cela, nous émettrons quelques hypothèses sur l'utilisation qui pourrait être faite de cet outil dans l'avenir.

∴

I. LES SPORTS DE COMBAT

A. Définition et caractéristiques

Un sport de combat appartient à une famille d'activités sportives proposant le plus souvent comme pratique compétitive un affrontement entre deux combattants. Il se distingue de l'art martial, même si certaines disciplines peuvent présenter des caractéristiques inhérentes à ces deux facettes. Un art martial est par définition un « *art de guerre* ». Du fait de la dangerosité

* Étudiante en master "Ingénierie cognitive des Apprentissages et Technologies pour la Formation professionnelle", Université de Bourgogne/Agrosup Dijon.

potentielle, il est impossible d'organiser des compétitions, sauf aménagements, pour en faire un sport de combat.

Ces sports possèdent des règles visant à garantir l'intégrité physique de ses pratiquants. Ils font souvent l'objet de compétitions lors desquelles un arbitre est chargé de faire appliquer un règlement. Ils s'éloignent d'un combat réel en ce sens que le règlement n'offre pas aux combattants la possibilité de laisser libre cours à la violence tout en autorisant la confrontation avec un adversaire ayant des réactions imprévisibles dans un état d'esprit sportif.

Les sports de combat (SC) peuvent être classés en plusieurs catégories :

- les SC de préhension, également dénommés *grappling* : lutte ou judo. Les techniques utilisées ont pour but de projeter l'adversaire au sol grâce à des saisies ou de le contrôler grâce à des prises de soumission et d'immobilisation ;

- les SC de percussion : boxe, karaté ou taekwondo. Ils se focalisent sur les techniques de frappe. Les cibles ainsi que les armes utilisées varient en fonction de la discipline : la boxe thaïlandaise et le *full-contact* diffèrent sur ce point ;

- les SC mixtes, également appelés sports de combat hybrides ou sports de combat de percussion-préhension : arts martiaux mixtes, sanshou. Ces derniers mélangent les techniques des deux catégories précédentes ;

- les SC armés : escrime ou kendo. Les combattants utilisent le fleuret, l'épée (escrime) et le sabre (kendo).

B. Savoir, savoir-faire et savoir-être

Quelle que soit la catégorie retenue, le combattant devra acquérir des savoirs, des savoir-faire et des savoir-être. Ces derniers peuvent s'apprendre indépendamment sans toutefois être réellement séparés dans la réalité. Les savoirs traitent par exemple des règlements, de la nutrition, de la physiologie, de l'anatomie ; il s'agit de connaissances déclaratives, facilement verbalisables. Les savoir-faire concernent la réalisation des gestes techniques ; il s'agit de connaissances procédurales, plus difficilement verbalisables. Les savoir-être peuvent être définis comme des savoir-faire relationnels conduisant à adopter les comportements et attitudes adaptés à la situation : l'éthique fait partie de ce dernier type de savoir.

Le professeur, appelé communément entraîneur, se doit de mettre en place une pédagogie adaptée afin d'optimiser la qualité de l'apprentissage de ses élèves tout en garantissant leur intégrité physique et leur sécurité. Pour cela, la majorité a suivi des formations pour les aider dans cette démarche. Ces dernières peuvent être fédérales ou d'État mais toutes comptent sur l'alternance regroupement pédagogique et stage pratique.

C. Du face à face pédagogique à la vidéo

Pendant des cours, les élèves essaient d'acquérir les gestes techniques de leur discipline grâce à la répétition des exercices et à la multiplication des mises en situations pratiques. Il est ici question d'acquérir des savoir-faire, l'acquisition étant le témoin le plus fiable de l'évolution de l'apprentissage. Pour chaque exercice, l'entraîneur explique le geste et le réalise. Les combattants appliquent ses directives, celui-ci les corrige ou complète les explications si nécessaire. On voit que la notion d'interaction a une place importante dans cet apprentissage tout comme la répétition de l'action. L'entraîneur suit un programme cohérent et planifie la progression technique de ses élèves. Ces derniers souhaitent apprendre davantage ou plus rapidement et recherchent donc d'autres sources d'informations. Ainsi procèdent également les personnes intéressées par l'apprentissage de certaines techniques mais qui ne fréquentent pas ou peu les clubs associés à la pratique visée. Ces sources d'informations sont très diverses. L'intéressé peut obtenir les informations escomptées d'un proche qui pratique ou a pratiqué, d'une personne qui sait mais sans avoir pratiqué de manière significative, d'illustrations explicatives et de plus en plus de la vidéo sur les plates-formes ou les réseaux sociaux.

II. L'ESSOR DE LA VIDÉO DANS LES SPORTS DE COMBAT

A. Avantages et inconvénients

Depuis quelques années, les pratiquants des sports de combats sont de plus en plus nombreux à rechercher une progression technique à l'aide de vidéos sur Internet. La toile en propose d'ailleurs un nombre incalculable destiné à cet effet. Bien que cet état de fait paraisse idyllique, il n'en résulte pas moins qu'il existe un risque non négligeable pour l'apprenant. En effet, il n'est pas nécessaire d'être qualifié pour réaliser une vidéo. De même, celle-ci se focalise sur un ou quelques aspects techniques, et il appartient à l'apprenant de restaurer la cohérence de ses propres apprentissages, compétence qu'il n'a pas nécessairement.

Malgré les risques, la vidéo est indubitablement un outil puissant dans l'apprentissage des sports de combats. Elle permet, comme dans la réalité, l'association de la vue et de l'ouïe sur une action continue. L'apprenant peut donc voir l'enseignant effectuer le geste technique et entendre ses explications dans la même séquence, voire en même temps que la réalisation du geste technique.

La vidéo est un support facilement maniable pour celui qui la réalise puisqu'il peut y intégrer des ralentis ou des arrêts sur image, filmer sous différents angles ou *zoomer*, compléter son intervention par des photos, des animations ou du texte.

De même, le support est adapté pour l'apprenant : il peut sauvegarder, télécharger, revoir ou encore mettre en pause. C'est un média intéressant car à la fois proche de la situation d'apprentissage en club (partie explication et démonstration) et plus manipulable. Les informations sont enregistrées, visibles et pouvant être commentées lorsque l'apprenant le souhaite.

Cependant, outre les risques déjà évoqués plus haut, on peut pointer du doigt certains inconvénients. Le principal est que la vidéo ne permet pas de s'exercer au geste technique avec un partenaire par le simple visionnage. L'acquisition et l'automatisation des gestes techniques relèvent du savoir-faire et non d'une connaissance que l'on pourrait réciter. Il faut répéter le geste pour l'apprendre. Quand bien même les apprenants seraient plusieurs à regarder la vidéo, aucun enseignant ne serait présent pour corriger les élèves, compléter les explications initiales ou encore adapter l'exercice en fonction des diverses caractéristiques des participants. Aucune interaction n'est alors possible. Dans le cas où l'apprenant fréquenterait un club de la discipline concernée, il pourrait avoir des difficultés à corriger les gestes techniques car il aura été confronté à une erreur lors de l'apprentissage en vidéo. Il pourrait lui être plus difficile de corriger cette erreur (inhibition nécessaire de l'apprentissage erroné, puis nouvel apprentissage) que d'apprendre le même geste en club où l'interaction avec le professeur est possible.

L'entraîneur qui enseigne via un support média est confronté à une difficulté : il doit sélectionner et organiser les informations en fonction du niveau de pratiquants dont il peut tout ignorer sachant qu'il ne peut pas avoir de retour comme s'il était en face à face avec l'apprenant. Il ne va donc pas avoir la possibilité d'expliquer différemment si l'élève ne comprend pas. Bien sûr, il peut annoncer le niveau supposé de difficulté d'apprentissage mais cela reste très subjectif, d'autant plus que la plupart des vidéos ne sont pas numérotées et ne suivent pas un ordre préétabli qui permettrait à l'apprenti combattant de se repérer.

B. Savoir et savoir-faire

Les vidéos disponibles en ce domaine ne concernent pas seulement l'aspect technique (connaissances procédurales). Elles peuvent traiter de savoirs (connaissances déclaratives) tels que l'anatomie, la physiologie, les réglementations ou encore la nutrition par exemple. Dans ce cas, les caractéristiques de l'outil se rapprochent encore un peu plus de la situation d'apprentissage traditionnel au sens du face à face pédagogique. Il est question ici d'écouter un discours et de regarder les illustrations éventuellement proposées. Là encore, il n'est pas possible d'interagir avec l'enseignant mais de faire "répéter" ce dernier autant de fois que nécessaire à la compréhension.

C. Applications

Dans les paragraphes précédents, nous avons pris le cas des apprenants souhaitant acquérir les savoirs, savoir-faire et savoir-être des disciplines suscitant leur intérêt. Néanmoins, l'apprentissage ne concerne pas que les combattants : les entraîneurs, officiels (juges-arbitres, en particulier) et dirigeants sont également à prendre en compte. L'apprentissage par vidéo présente des avantages pour ces derniers. Les dirigeants ont principalement besoin d'acquérir des savoirs tandis que les entraîneurs et officiels des savoirs-faire en priorité. L'entraîneur a besoin de savoir analyser une opposition entre deux combattants afin de faire ressortir les profils et les caractéristiques, les points forts et les points faibles des deux protagonistes. Cela lui permettra d'adapter son enseignement aux besoins de son élève. La séquence vidéo peut également être le témoin de la progression de l'élève, en situation d'opposition en binôme (assaut, combat, exercice...) ou seul (travail au sac, aux palettes...). L'arbitre, quant à lui, a besoin de la séquence pour augmenter le nombre de situations d'opposition dont il peut être témoin afin de s'exercer. Il lui est indispensable d'exercer son regard par une mise en situation récurrente. Ce support peut permettre aux officiels de rendre compte de leur progression : ils peuvent repasser les images à différents moments et s'apercevoir ainsi de l'enrichissement et du gain en précision de leur sens de l'analyse. Bien évidemment, ce dispositif ne leur permet pas d'intervenir sur la situation d'opposition dans le rôle d'arbitre. Cet aspect devra être travaillé en situation réelle.

D. Deux outils complémentaires : la grille d'évaluation et le tuteur

Que ce soit pour l'entraîneur ou pour l'officiel, la vidéo est un support qui lui permettra d'atteindre une expertise d'analyse. Elle doit toutefois être accompagnée d'une grille d'observation pour augmenter son efficacité. Cette dernière peut être établie par l'apprenant lui-même et faire référence à des critères standards (règlement et arbitrage) ou sélectionnés par l'apprenant (en fonction de ses connaissances de la situation et de ce qu'il aimerait y voir apparaître ou non). Elle va orienter le regard de l'élève et lui permettre de focaliser son attention sur des aspects qui pourraient être négligés. Prenons le cas d'un apprenant entraîneur : la grille va lui donner l'opportunité de prendre en compte davantage de critères et d'avoir une trace de l'évolution de son athlète. L'analyse de la vidéo grâce à cette dernière, prévue à cet effet, débouche sur une trace écrite résumant les principaux aspects de la situation, bases d'une éventuelle comparaison ultérieure. La grille est un outil d'observation susceptible de laisser une trace consultable à tout moment. Cet élément est très important car même si une analyse peut être relativement complète sans l'utilisation d'outil, la mémoire est limitée : ce qui est parfaitement retenu à court terme le sera sans doute beaucoup moins à moyen terme, d'autant plus si plusieurs combattants doivent faire l'objet de cette analyse. La grille d'observation remplit une double fonction : guidage de l'analyse et témoin de l'état de progression du combattant.

Un dernier élément est à prendre en compte pour optimiser l'efficacité de la vidéo : la disponibilité d'une ou plusieurs ressources (tuteur(s) et pairs). Les échanges vont être très formateurs puisqu'ils vont obliger les pratiquants et leurs pairs ou tuteur(s) à s'exprimer verbalement. Ce travail de verbalisation et d'objectivation va amener l'apprenant à créer certains observables, à en modifier d'autres ou à les préciser davantage.

III. VIDÉO EFFICACE : MODE D'EMPLOI

Nous venons de mettre en évidence qu'une grille d'observation ou les échanges verbaux étaient complémentaires au support vidéo et étaient à même de faciliter l'apprentissage.

Nous allons maintenant nous intéresser plus particulièrement au support en lui-même et tenter de déterminer quelles sont les caractéristiques permettant la meilleure assimilation possible.

A. Quelques repères créatifs…

Dans un premier temps, nous allons détailler les étapes de la réalisation de la vidéo. Il faut choisir l'objet sur lequel portera l'intervention et mettre au point un scénario pédagogique. Il va falloir que l'enseignant décide quelles informations sont les plus pertinentes pour l'apprenant et celles qu'il ne doit pas divulguer. Trop de données risqueraient de nuire à la qualité de l'intervention car l'élève n'est pas forcément en mesure de donner de la cohérence au flot de données transmises. Il convient ensuite d'écrire le texte et de l'apprendre par cœur. Puis, il faut tourner la vidéo et faire le montage si nécessaire (ajout d'animations, mise en surbrillance, insertion de texte…).

B. … et quelques repères cognitifs

Intéressons-nous maintenant à quelques éléments permettant de comprendre l'apprentissage chez l'être humain. Nous pouvons définir celui-ci comme « *un processus systématiquement orienté vers l'acquisition de certains savoirs, savoir-faire, savoir-être* » (De Ketele *et al.*, 1989, p. 216). Il comporte un composant intentionnel, qui nécessite une attention de la part de l'apprenant. Celui-ci va devoir se concentrer afin de pouvoir intégrer les nouvelles informations à son système de pensée, à son schéma corporel. Il ne peut pas être attentif des heures avec la même intensité.

L'enseignant doit se rendre compte qu'il ne suffit pas de parler lentement et clairement pour que les informations soient comprises et assimilées mais qu'il doit les hiérarchiser. S'il veut expliquer un geste technique, il va devoir le faire verbalement et contextualiser son application, l'exécuter mais aussi en faire une démonstration détaillée. De cette manière, l'explication verbale et la réalisation rendent possible la mobilisation des ressources de l'apprenti combattant (amorçage) et lui permettent de repérer quels points sont susceptibles de lui poser problème. Bien sûr, le support multimédia permet de revenir en arrière mais l'organisation de l'information précitée correspond davantage au fonctionnement cognitif de l'individu. D'autre part, même si la vidéo place l'élève dans une situation similaire au face à face pédagogique lors des phases d'explication, de réalisation et de démonstration techniques, celui-ci n'a pas la possibilité de se déplacer autour de l'entraîneur et de son cobaye éventuel pour changer de point de vue. Il serait intéressant de filmer en utilisant différents angles et d'utiliser le *zoom* pour certaines étapes afin d'éviter à l'élève de faire sans cesse un effort de rotation mentale pas toujours concluant.

Un dernier élément à prendre en compte est l'interactivité. L'apprenant doit pouvoir être actif au maximum lors de sa formation. Il peut agir sur le support par l'intermédiaire des *quizz* qui s'y rapportent. Il sera dans la construction de connaissances plutôt que dans l'attente : on y retrouve la composante intentionnelle de l'apprentissage.

C. Besoins et attentes de l'apprenant

Concernant les besoins et attentes de l'apprenant, ce dernier est surtout à la recherche de contenus menant à l'acquisition de gestes techniques à opérabilité immédiate. Il recherche une vidéo qui lui donne la possibilité, dès la fin du visionnage, de mettre la technique en application. Il choisit lui-même la séquence, ce qui entraîne un niveau élevé de concentration favorisant l'assimilation des différentes informations présentées. Les élèves peuvent également être à la recherche de contenus traitant de domaines variés tels que la nutrition, la planification, la préparation physique, la récupération ou encore les formations, la réglementation et les codes sportifs.

Pour que les informations soient plus facilement assimilées par l'apprenant, la vidéo doit mentionner clairement son objet et éventuellement le niveau de difficulté afin qu'il puisse décider sans perdre de temps de la visionner ou non, de mobiliser son attention ou non. Elle doit être d'une durée plus ou moins importante selon qu'il s'agisse de la maîtrise d'un geste technique (savoir-faire) ou de connaissances (savoirs). Les informations doivent être organisées en fonction de leur niveau de précision, et les animations ou les possibilités de la caméra doivent venir étayer cette mise en relief.

IV. LES DISPOSITIFS DE FORMATION OUVERTE À DISTANCE

Nous venons de démontrer que la vidéo présente de nombreux avantages en termes d'apprentissage. Il est logique qu'elle soit inscrite dans une démarche de formation organisée par des professionnels et notamment dans les dispositifs FOAD.

A. Définition et caractéristiques

La FOAD désigne l'ensemble des dispositifs de formation à distance, que cela soit les cours par correspondance, les MOOC (*Massive Open Online Course*) ou les formations en ligne. Les cours issus de ces différents dispositifs ont leur caractéristiques propres : ils peuvent être gratuits ou non, plus ou moins centrés sur une démarche traditionnelle (l'enseignant met à disposition un savoir construit) ou connectiviste (construction des savoirs via les échanges entre participants), unidisciplinaire ou non. Ils s'appliquent tant à la formation initiale qu'à la formation continue, tant de manière individuelle que collective. Ils utilisent les outils numériques et le réseau Internet.

La FOAD se caractérise par sa flexibilité qui permet de la désigner comme "ouverte" en ce sens que l'apprenant peut gérer librement le temps qu'il consacre à sa formation et décider d'entrer ou de sortir du dispositif. Ce dernier permet l'individualisation des projets de formation et utilise souvent des tuteurs comme personnes-ressources.

Le dispositif de FOAD se décline en trois modalités qui s'inscrivent sur le continuum présentiel-distance :

- le *présentiel réduit* : c'est de la forme de FOAD la plus ouverte. La majorité des apprentissages se fait à distance. L'apprenant choisit ses disponibilités et sa fréquence de travail. Les regroupements en présentiel sont peu fréquents, et les enseignants ainsi que les apprenants se doivent de maîtriser les outils d'*e-learning* et avoir accès à Internet. L'apprenant doit être autonome, sérieux, organisé et motivé car il est ici question d'autoformation. L'objectif n'est pas de transmettre des informations mais plutôt de créer des « *conditions pédagogiques et organisationnelles favorables au développement d'apprentissages autodirigés* » (Collectif de Chasseneuil, 2001, p. 53). Des communautés d'apprenants peuvent être créées, via un environnement numérique de travail (ENT : groupe sur les réseaux sociaux, plate-forme collaborative...), et vont générer un sentiment d'appartenance précédant l'engagement et la réussite. L'organisation d'un tutorat est également recommandée. Celui-ci peut prendre des formes synchrones (téléphone, visio-conférence, classe virtuelle, *chat*) ou asynchrones (*mail*, forum de discussion, bureau virtuel). Le présentiel va dynamiser la communauté, insister sur les points difficiles de la formation ou les reprendre, mettre en place la méthodologie de projet, vérifier les apprentissages via des mises en situations ou des travaux dirigés ;

- le *présentiel amélioré* : il renvoie à une forme hybride de FOAD dans laquelle les apprentissages se déroulent pour moitié en présentiel et pour moitié à distance. On y retrouve l'utilisation des outils du *e-learning* et l'accès indispensable à Internet. La création et l'animation de la communauté apprenante sont un gage de réussite. Les cours diffusés par Internet prennent une forme un peu plus évoluée qu'un manuel classique. On peut avoir des *quizz*, des exercices, des vidéos... Là encore, le métier d'enseignant-formateur doit être repensé pour créer des conditions pédagogiques favorables à l'apprenant. Lors du présentiel, des documents plus traditionnels tels que des polycopiés peuvent être utilisés. Cette modalité permet de laisser son autonomie à l'apprenant tout en maintenant le lien avec la communauté et prévenir en partie les risques d'abandon ;

- le *présentiel enrichi* : c'est la forme de FOAD qui comprend le plus de présentiel. La majorité des apprentissages s'effectue en présentiel sous forme de cours plus classiques, et le *e-learning* n'est utilisé que pour approfondir ou illustrer le cours. Il est indispensable, lors de la conception de la formation, de distinguer les apprentissages essentiels de ceux d'enrichissement. L'apprenant doit faire preuve de disponibilité. Il n'est pas obligatoire de mettre en place un ENT bien que la mise en ligne des diaporamas des cours semble incontournable. Une grande partie des formations universitaires se déroule selon cette modalité.

B. Points forts et points faibles

Il est indéniable que les coûts liés à ce type de formation sont moins importants que pour une formation classique, d'autant plus si l'on tend vers le présentiel réduit. Comme tout dispositif, la FOAD a des points forts susceptibles d'optimiser son efficacité et des points faibles susceptibles de la réduire.

D'un côté, sa déclinaison en trois modalités permet d'être au plus près des attentes, des besoins et difficultés de l'apprenant. Elle propose une approche pragmatique des sujets de formation, ancrés dans le concret. Les apprentissages peuvent immédiatement être utilisés et les échanges d'expérience font partie intégrante de la formation, ce qui change le rapport au savoir et permet de faire prendre conscience à chacun de la valeur et de la particularité de son profil. L'individualisation des projets est aussi la marque de ce type de dispositif. Cet aspect est particulièrement intéressant dans la mesure où nous parlons de plus en plus de formation tout au long de la vie. On ne se contente plus de se former lorsqu'on change de métier mais on tend à se former en permanence. La FOAD sied parfaitement à cette démarche puisqu'elle prend en compte le contexte socioprofessionnel de l'apprenant à travers les trois modalités proposées : elle permet de préserver au maximum le rythme de travail des personnes en activité.

D'un autre côté, elle manque d'interactions humaines et de contact. Les élèves doivent absolument être motivés et se restreindre à une discipline de travail rigoureuse. De même, ils doivent adhérer au dispositif, participer à l'animation de la communauté d'apprenants, faire part de leurs difficultés sans attendre et être dans une démarche active de recherche d'informations et de conseils.

En quelques mots, la FOAD met à disposition les clefs de la réussite mais il appartient à l'intéressé de les utiliser. La liberté laissée à l'élève peut se révéler être un atout pour l'un, tandis qu'un autre se perdra dans le champ des possibilités proposées. L'efficacité du dispositif est liée en grande partie au profil de l'apprenant, à sa motivation et son engagement.

C. Évolution de la FOAD : accès à l'information et rôle du formateur

Les dispositifs de FOAD ont beaucoup évolué depuis leur apparition. Leurs évolutions sont en étroite relation avec celles des technologies de communication. De nos jours, la plupart d'entre nous ont la possibilité de se connecter facilement à Internet, de communiquer par *mail*, de s'inscrire sur les réseaux sociaux et de participer à leur animation. Néanmoins, la grande majorité ne signifie pas tout le monde… Certaines personnes ne présentent pas ce profil : elles ne peuvent, ne veulent ou ne savent pas utiliser ces outils. On peut parler de *fracture numérique*. Il n'en reste pas moins que l'accès à l'information est facilité. Il est possible de se connecter d'un ordinateur mais aussi d'une tablette, d'un smartphone, de certains lecteurs numériques et de certaines consoles de jeux portatives : on parle de *m-learning (mobile learning)* ou d'*apprentissage nomade*. On peut définir ce dernier comme une formation *e-learning* compatible avec l'utilisation de terminaux mobiles par les élèves. Le plus difficile n'est donc pas de trouver l'information mais de savoir si elle est de qualité, adaptée à nos besoins, attentes et objectifs. Devant la profusion de données accessibles en quelques secondes, savoir se repérer s'avère plus que nécessaire. Sans cela, ces mêmes données pourraient se révéler parcellisées et contradictoires.

Les dispositifs de formation ont évolué et le rapport au savoir a changé. L'information étant plus facilement accessible, plus aucun enseignant ne peut prétendre la détenir. Le formateur ne sera plus l'unique détenteur du savoir qu'il transmet à ses élèves mais le guide qui les oriente en fonction de leur projet. Il est d'ailleurs plus approprié de parler de *projet* que de cours, puisque chaque personne va avoir un parcours de formation individualisé. Le formateur va la conseiller en méthodologie, et orchestrer les séances de partage d'expériences. Il est l'élément qui va apporter un cadre de cohérence à la formation. Il peut reprendre des points particuliers du cours ou aider l'apprenant à surmonter les difficultés rencontrées. Il est davantage question de relation horizontale que de relation verticale entre le groupe d'apprenants et le formateur. L'enseignant doit être en adaptation permanente et à l'écoute des élèves. Les tuteurs sont toujours sollicités car ils permettent d'établir le lien entre le terrain et les cours. Ils sont également une source précieuse d'informations via les échanges que les apprenants vont entretenir avec eux. Le recours au tuteur et aux informations via les ENT ou Internet en général sont les deux facettes d'une même démarche facilitée par le formateur qui va conseiller et assister l'apprenant. La communication, que ce soit en présentiel avec les autres apprenants ou avec le formateur, avec le tuteur ou d'autres personnes ressources, est primordiale. Il ne faut, en aucun cas, privilégier un aspect plutôt que l'autre, ni chercher à minimiser l'interaction humaine.

V. LA VIDÉO AU SEIN DES DISPOSITIFS DE FOAD

Au fur et à mesure de l'évolution des dispositifs de FOAD, les vidéos ont été de plus en plus utilisées. Elles correspondent aux besoins des apprenants pour les raisons expliquées précédemment et sont relativement simples de conception et d'utilisation. Il est plus motivant pour l'apprenant de regarder une vidéo que de lire un cours. Concernant les formations en sports de combat, on peut imaginer qu'à l'avenir ce type de support occupe une place de plus en plus importante. En effet, il peut traiter de différents aspects comme la nutrition, la planification, la préparation physique, l'anatomie, la physiologie mais également d'éthique ou d'aspects technico-tactiques. L'enseignant ou le formateur va être différent selon le thème abordé. Il pourra aider à la compréhension d'un cours de physiologie en réexpliquant certains passages tandis qu'il conseillera l'apprenant ou l'aidera à formuler ses idées concernant le domaine de l'éthique. Il est indispensable de mettre l'accent sur l'accompagnement du formateur, qui prendra différentes formes selon le sujet traité, et sur le support qui se devra d'être davantage interactif afin que l'apprenant soit le plus actif possible (*quizz* ou exercices). Dans le même ordre d'idées, l'ENT devra permettre à la communauté d'apprenants d'échanger sur les vidéos afin d'imiter les regroupements en présentiel et d'en tirer certains bénéfices. Les élèves pourraient alors profiter de leurs interventions respectives comme certains le font déjà sur des plates-formes collaboratives dont l'accès est plus ou moins libre.

La vidéo peut aussi, comme évoqué auparavant, servir à acquérir une expertise dans l'observation lors d'une opposition. Il ne serait pas inutile de constituer une vidéothèque et de mettre à disposition des apprenants une grille d'observation ou la leur faire construire. Des *quizz* ou d'autres exercices d'application pourraient compléter les vidéos afin d'obliger l'apprenant à rester actif et lui faire expliciter ses raisonnements. Ce type de document concernerait plutôt les officiels mais ne serait pas à déconseiller aux entraîneurs ou aux élèves car cela les encouragerait à travailler sur les stratégies à adopter pour maximiser leurs chances de remporter le duel.

Les apprentis combattants pourraient être intéressés par une vidéothèque des gestes techniques classés selon le niveau de difficulté et avec un ordre conseillé de visionnage. Les vidéos en faisant partie seraient réalisées selon le même principe pour que l'apprenant n'ait pas à s'adapter à une présentation de contenu différente pour chaque document. On pourrait parler de standardisation de la vidéo. Les entraîneurs auraient la possibilité de se servir de cette vidéothèque, d'en faire une alliée et de demander à leurs élèves de visionner une ou plusieurs séquences précises afin que l'apprenant réalise un travail d'amorçage. Dans ce cas, vidéos et entraîneurs travailleraient de concert et non en concurrence.

Enfin, on peut imaginer une dernière implication de la vidéo dans les dispositifs FOAD à venir. Il s'agit des « *serious games* » et, plus précisément, de la simulation. On peut les définir comme une « *application informatique, dont l'intention initiale est de combiner, avec cohérence, à la fois des aspects sérieux (*serious*) tels, de manière non exhaustive et non exclusive, l'enseignement, l'apprentissage, la communication, ou encore l'information, avec des ressorts ludiques issus du jeu vidéo (*game*)* » (Alvarez et Djaouti, 2010, p. 17).

Il existerait cinq types de « *serious games* » : les *advergaming* (jeux publicitaires), les *edutainment* (à vocation éducative), les *edumarket games* (utilisés pour la communication d'entreprise), les *jeux engagés* (ou détournés) et les *jeux d'entraînement et de simulation*.

C'est cette dernière catégorie qui nous intéresse. Il serait possible de mettre au point une simulation pour les officiels et autres personnes intéressées afin de s'exercer à l'arbitrage. Le personnage de la vidéo pourrait réagir différemment en fonction des interventions de l'élève-arbitre. L'apprenant devrait alors adapter son comportement en fonction de celui du personnage. L'apprenant aurait l'occasion d'"agir" rapidement, comme en situation réelle.

On peut, bien sûr, facilement imaginer une simulation d'opposition pour les combattants. Néanmoins, répondre avec des touches d'ordinateur est bien trop éloigné de l'apprentissage technique visé. Il faudrait un système de capteurs perfectionné que l'on placerait sur les poignets et/ou les chevilles de l'apprenant selon la technologie employée. Pour que ce soit un véritable apprentissage et non un simple jeu, il conviendrait de coupler l'exercice pratique avec les supports issus de la vidéothèque, ce qui apporterait de la cohérence à l'apprentissage et amènerait l'apprenant à progresser selon un parcours précis. La simulation d'opposition serait un moyen de rendre compte de l'évolution de l'apprenti-combattant. Ce dernier exemple d'application de la vidéo dans les sports de combat semble difficile à mettre en œuvre pour le moment d'autant qu'il sera question de la sécurité de l'apprenant (personne pour le conseiller et le corriger). L'avenir nous dira si ce type de simulation fera partie de nos outils d'apprentissage.

∴

La vidéo est un support d'apprentissage efficace qui peut être utilisé seul ou en complément d'autres outils. Elle permet à l'apprenant de ne rien rater de la scène qui se déroule, de conserver les informations mieux que n'importe qui doté d'une bonne mémoire et constitue une excellente base de données pour un travail ultérieur. Cependant, quel que soit son potentiel, il faut veiller à ce qu'elle ne reste qu'un outil et ne remplace pas le formateur. L'interaction humaine est un puissant vecteur d'apprentissage, et la vidéo doit être considérée comme son formidable complément.

RÉFÉRENCES BIBLIOGRAPHIQUES

ALVAREZ Julian et DJAOUTI Damien (2010), *Introduction au* serious game, Paris, Questions Théoriques.

COLLECTIF DE CHASSENEUIL (2001), *Accompagner des formations ouvertes*, Paris, L'Harmattan.

DE KETELE Jean-Marie *et al.* (1989), *Le Guide du formateur. Pédagogie en développement*, Bruxelles, De Boeck.

SITOGRAPHIE

ALVAREZ Julian et RAMPNOUX Olivier (2013), *Eduscol, Jeux sérieux, mondes virtuels*, eduscol-education.fr/numerique/dossier/apprendre/jeuxserieux/notion.

CHAPITRE 6

QUELLE PÉDAGOGIE DES SPORTS DE COMBAT À L'ÈRE DE *YOUTUBE* ET DE *FACEBOOK* ?

François LAURENT*

L'analyse qui va suivre relève davantage d'une observation ethnologique rendant compte de ce qui se passe à un endroit donné que d'une démarche reproductible basée sur l'expérimentation. Notre réflexion porte sur l'utilisation de la vidéo dans le cadre des plates-formes de partage et des réseaux sociaux dans le but de faciliter un apprentissage, celui des techniques sportives en sports de combat en l'occurrence.

Si la question de l'apprentissage assisté par ordinateur et celle de l'*E-Learning* en général ont été le sujet de nombreuses études, en revanche une recherche dans les bases de données scientifiques nous donne très peu de résultats sur la thématique que nous allons aborder. Il en est étonnement de même pour Google.

Néanmoins, notre expérience du terrain nous montre que la multiplication des plates-formes et le rapport que nos pratiquants entretiennent avec les contenus qu'elles proposent peuvent susciter des interrogations.

Notre terrain d'observation a été le club sportif Nanterre Club Universitaire ou NCU. Il s'agit d'un club domicilié au sein de l'Université Paris Ouest Nanterre La Défense. Le club comprend environ 200 adultes (entre 18 et 55 ans avec une majorité entre de 25 et 30 ans) qui pratiquent ce que nous appellerons des sports de combat modernes, à savoir :

- le *JiuJitsu brésilien* : sport de combat de préhension pratiqué en kimono (ou "Gi") mettant l'accès sur le combat au sol et la recherche de l'abandon de l'adversaire par l'application d'une technique de soumission (clef de bras, clef de jambe ou étranglement) ;

- le *Grappling* : il présente de nombreuses similitudes avec le *JiuJitsu*, pratiqué en short et t-shirt, avec un rôle plus important accordé aux techniques de lutte ;

* Professeur agrégé d'Éducation physique et sportive, Université Paris Nanterre.

- le *Mixed Martial Art* (MMA) : discipline hybride réunissant trois distances de combat (la distance de percussion, la distance de projection et le combat au sol).

Ces disciplines, possédant un répertoire technique très varié et complexe, sont peut-être plus susceptibles de favoriser le rapport aux contenus numériques que nous allons décrire par rapport à d'autres disciplines présentant davantage de contraintes informationnelles ou énergétiques.

Le club que nous décrivons se caractérise par une présence numérique importante avec un site internet, une page *Facebook*, une chaîne *Youtube* et un partenariat avec un site spécialisé dans les sports de combat (*www.howtofight.fr*). Bien sûr, un club qui attire une partie de ses adhérents par le biais de sa présence numérique réunit en son sein un nombre important d'adhérents utilisateurs de ces mêmes plates-formes. C'est donc dans le contexte que nous venons de décrire que se situe le cadre de notre propos.

∴

I. UNE VISION TRADITIONNELLE DE L'ENSEIGNEMENT

Nous pouvons, de façon un peu caricaturale, décrire une vision traditionnelle du professeur de sports de combat comme étant :

- un spécialiste de son activité qui a suivi un long apprentissage pour développer son expertise ;

- le détenteur d'un répertoire technique confidentiel et peu accessible hors de sa présence ;

- le seul intervenant légitime au sein de son espace : le ring ou le tatami. Cette légitimité vient des diplômes possédés et, éventuellement, d'un palmarès sportif.

Dans le cadre d'intervention du professeur de sports de combat, le savoir vient d'en haut. C'est un savoir très précis qui a été intégré au cours de longues années de pratique et qui sera transmis de la même façon.

II. VERS DE NOUVEAUX PROFESSEURS ?

Les plates-formes de partage se développent de plus en plus. Parmi les nombreux outils à la disposition des internautes pour partager des contenus (*twitter, instagram, pinterest*...), deux cumulent la grande majorité de la fréquentation : *Youtube* appartenant au géant *Google*, et *Facebook*.

Youtube est une plate-forme de partage de vidéos utilisée par les particuliers et par les marques, alors que *Facebook* est un réseau social qui permet d'échanger autour de textes, d'images et de vidéos.

Youtube réunit, en France, 2,7 millions d'utilisateurs quotidiens en 2015. Ceux-ci passent, en moyenne, 40 minutes à visionner des vidéos (augmentation de 50 % en un an), et *Facebook* a 30 millions d'utilisateurs dont 20 millions chaque jour, le temps moyen journalier d'utilisation étant d'une heure trente. Nous décrivons ici un phénomène important. La majorité de nos adhérents utilisent ces plates-formes et partagent ce qui les passionne, notamment des contenus en rapport avec leurs pratiques.

Si nous examinons les contenus en lien avec les sports de combat proposés, nous pouvons voir que de nombreux thèmes sont couverts :

- vidéos de compétitions ;

- vidéos pédagogiques ;

- interviews et reportages ;

- informations sur la préparation physique ;

- informations diététiques...

Or il y a peu, nous l'avons vu, le professeur était le seul détenteur du savoir. L'arrivée sur les plates-formes de ces contenus affecte-t-elle son statut ?

Les vidéos peuvent être partagées par des professionnels (clubs, enseignants, marques) ou par des amateurs pratiquants. Dans ce dernier cas, ceux-ci mettent souvent des compétences pointues (issues parfois de leur domaine professionnel) au service de l'enrichissement des contenus liés aux sports de combat. Nous trouvons ainsi sur *Youtube* des vidéos de compétitions enrichies d'analyses statistiques et biomécaniques pour objectiver les stratégies mises en place par les combattants. Nous trouvons aussi des vidéos illustrant les angles de frappe de tel ou tel boxeur, les directions d'attaques des champions de judo, l'influence de la fréquence d'une position adoptée en MMA sur le résultat des combats...

Ces analyses sont souvent de qualité, le système de notation des vidéos propulsant sur le devant des plates-formes les vidéos ayant été jugées les plus utiles par les internautes.

III. QUELLE PLUS-VALUE REPRÉSENTE ENCORE LE PROFESSEUR ?

Plusieurs éléments caractérisent ce nouveau rapport au savoir en sports de combat au travers du visionnage de vidéos :

- un accès indépendant aux contenus pédagogiques : en effet, le pratiquant n'a pas besoin d'une salle ouverte pour voir les démonstrations techniques. La moitié des visionnages se font d'ailleurs sur les téléphones ou tablettes que l'on peut emporter partout avec soi. Cela ne permet pas forcément de pratiquer, bien que certains licenciés se construisent à domicile des espaces d'entraînements ;

- un accès permanent aux contenus : les experts qui présentent des techniques sont disponibles 24 heures sur 24 via ces plates-formes. Les contenus peuvent être vus et revus ;

- des sources multiples d'accès à l'information : le pratiquant peut rechercher des éléments techniques ou tactiques auprès de différentes sources et les comparer afin de trouver le style, technique ou pédagogique, qui lui convient le mieux. Une technique peut être présentée en démonstration, puis illustrée en compétition ;

- un outil de recherche performant : un site comme *Youtube* regorge de démonstrations techniques, et son outil de recherche est très performant. Le pratiquant peut indiquer dans les mots clefs la technique recherchée ou le nom d'un expert pour trouver des contenus ;

- des vidéos suggérées par la plate-forme ou les contacts : nous touchons là à une fonctionnalité qui fait évoluer de façon importante le rapport à ce type de savoirs. En fonction de la dernière vidéo regardée mais aussi des habitudes de visionnage, les plates-formes suggèrent au lecteur de nouvelles vidéos complémentaires. Les outils statistiques très performants qui s'appuient sur les habitudes de visionnage des pratiquants présentant un profil similaire permettent de suggérer, de façon très fine, des vidéos que le combattant n'aurait pas forcément cherchées ou trouvées par lui-même.

De même, les contacts peuvent suggérer des vidéos qu'ils ont appréciées ou qu'ils estiment intéressantes pour le lecteur. Cette fonctionnalité est très puissante puisque les contacts sont généralement constitués de personnes avec lesquelles le pratiquant entretient une relation basée sur les intérêts partagés en commun et souvent la confiance et la complicité. Nous cumulons ici un impact émotionnel fort et une construction collaborative du savoir.

IV. QUELLE POSTURE POUR L'ENSEIGNANT ?

L'arrivée de ces nouveaux outils a pour conséquence l'émergence de nouveaux comportements au sein du club. Les pratiquants échangent des vidéos puis discutent entre eux de ces expériences. Ces techniques sont essayées au club pendant les combats, parfois pendant les phases techniques mises en place par l'enseignant, ou bien avant et après le cours. Cela se fait à la vue de tous les autres pratiquants.

Photo 1 : Cours de *Jiu-Jitsu* Brésilien

Source : Nanterre Club universitaire, 2016.

Nous faisons un constat, qui reste une observation liée à un terrain d'observation précis que nous avons décrit en introduction. Aujourd'hui, certains pratiquants développent des compétences techniques hors de l'enseignement traditionnel mis en place au sein du club.

Face à l'arrivée de ces nouveaux comportements, l'enseignant peut adopter différentes postures.

A. Le déni

Le professeur considère que ces pratiques sont anecdotiques. Tout cela n'a rien à voir avec la pratique au club. Il est considéré que le pratiquant fait clairement la distinction entre un éventuel visionnage récréatif et l'apprentissage sérieux qui se fait lors du face à face pédagogique au club.

B. Le rejet

Ces pratiques existent mais sont contre-productives. Ce qui est présenté en vidéo par d'autres est forcément de mauvaise qualité et non adapté aux pratiquants du club. Il s'agit de combattre ce phénomène. En général, l'enseignant ironise au sujet des techniques *Youtube*. Les exemples de techniques mal faites et mal présentées abondent sur ces plates-formes et il est facile de trouver des exemples pour confirmer cette opinion.

C. La démagogie

Face à ce phénomène, l'enseignant peut décider de suivre la mode. Il est possible de présenter aux élèves ce qui est populaire sur le moment, en général les techniques mises en avant par le dernier champion de la discipline. L'enseignant passe alors lui-même beaucoup de temps sur ces plates-formes et essaye de garder un temps d'avance sur ses élèves.

D. L'accompagnement

L'enseignant peut constater le phénomène et prendre la mesure de son intérêt et de ses limites. Il s'agit alors de mettre ces outils au service de l'enseignement au club.

Cette démarche, qui prend acte de la réalité du terrain et qui prend appui sur les représentations des élèves, nous semble plus riche et constructive. Pour construire dans cette voie, il est utile de s'appuyer sur certains concepts éducatifs.

Un premier outil est celui du *Triangle pédagogique* développé par Jean Houssaye. Cet outil modélise la relation pédagogique et le rapport au savoir :

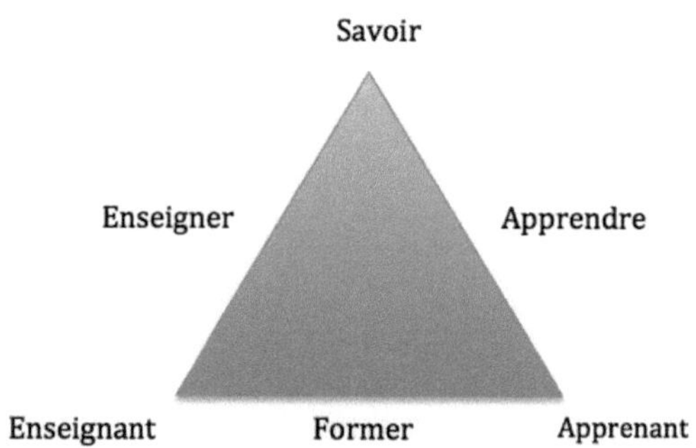

Le pôle "Enseigner" serait, dans nos sports, celui du technicien. L'outil principal est la démonstration technique. L'enseignant se concentre sur le savoir et la façon de le présenter aux élèves.

Le pôle "Former" serait celui du coach. L'accent est mis sur un rapport individuel avec l'élève. Il y a une prise en compte de la dimension psychologique, de la motivation, etc.

L'arrivée des vidéos et du partage sur les réseaux sociaux est une opportunité de travailler sur la troisième dimension du triangle : le pôle "Apprendre". L'enseignant peut accompagner l'élève dans sa découverte du savoir et développer son autonomie. Il faut donner à cet élève tous les outils qui lui permettront de retirer le maximum des phases d'enseignement présentées en vidéo. L'élève va éduquer son regard et construire sa réflexion critique. Ces acquis lui bénéficieront également lors des phases d'enseignement au club.

L'*apprentissage collaboratif*, dont les principales caractéristiques ont été relevées par Johnson *et al.*, est une méthode dans laquelle les étudiants se regroupent en équipes pour explorer ensemble une question. Il s'agit, en général, de petits groupes, plus propices à ce type d'apprentissage.

Les apprenants participent activement et utilisent l'exploration comme outil privilégié d'accès au savoir. Dans ce mode d'apprentissage, la participation est maximale. Les différents acteurs alternent régulièrement les rôles. Les enseignants deviennent apprenants et les apprenants deviennent enseignants.

L'apprentissage sur des vidéos partagées et commentées présente de nombreux points communs avec l'apprentissage collaboratif.

Dans ce type d'apprentissage, les élèves ont besoin de l'orientation et de l'appui de l'enseignant afin d'apprendre à travailler en collaboration, de façon efficace et organisée. Les élèves ne peuvent développer les meilleures stratégies en autonomie complète. Il ne s'agit donc pas seulement de travailler ensemble, il faut aussi que les coachs structurent l'interdépendance entre les étudiants.

Nous trouvons donc, dans les recherches sur l'apprentissage collaboratif, des éléments de réponse à la question de l'accompagnement par l'enseignant du nouveau rapport au savoir induit par l'utilisation des plates-formes de partage vidéos.

Un dernier concept nous semble riche pour accompagner notre réflexion. Il s'agit de l'*auto-hétéro-didactisme rapide* développé par le philosophe Edgar Morin. L'auteur le définit comme « *la capacité d'apprendre par soi-même tout en utilisant l'enseignement d'une compétence extérieure* ». C'est l'une des qualités qui constitue l'intelligence humaine. Nous pouvons voir ici que c'est cette qualité que nos élèves mobiliseront lorsqu'ils s'appuieront sur les vidéos pédagogiques proposées en sports de combats, pour se construire une compétence et un répertoire technique personnel. L'élève apprend seul, dans un contexte où on ne lui donne pas toute la procédure ni une progression spécifique, mais il n'a en revanche pas tout à découvrir seul, car le savoir est présent, à sa disposition. Dans le cas présent, les compétences extérieures sont de plus en plus facilement accessibles.

Il nous semble que nous pouvons voir là les premiers tracés d'un nouveau chemin pédagogique dans lequel l'enseignant peut accompagner le pratiquant en lui donnant les outils pour aborder ensuite de façon autonome un savoir :

- issu de sources multiples ;

- sélectionné au gré des besoins et envies ;

- permettant un aller-retour entre des phases de découverte et des phases d'expérimentation ;

- enrichi des suggestions et commentaires des pairs.

Il y a quelques années, un lutteur nous relatait son expérience de pratique de la lutte dans une université américaine. Après une semaine pendant laquelle le coach et son assistant l'avaient observé, il avait été convoqué dans le bureau du coach. Après quelques explications et conseils, celui-ci lui avait donné un document vidéo présentant le système d'attaque et de défense, sous forme de démonstrations et d'extraits de compétition, d'un champion de lutte. Ce lutteur français avait alors eu comme consigne de consacrer une heure tous les jours à l'apprentissage de ce système d'attaque qui correspondait bien à son style et ses capacités. C'est un peu ce type de démarche qui peut être initié, plus facilement aujourd'hui, au travers de suggestions de vidéos à l'intention des pratiquants.

Comme nous le voyons, nous sommes en présence d'un outil complexe et riche de potentialités. Nous allons maintenant essayer de lister ses forces et ses faiblesses. Parmi les points forts :

- le répertoire de vidéos est très vaste et en permanente expansion ;

- l'utilisation est d'une grande flexibilité : durée, fréquence... ;

- les comparaisons entre différentes variantes d'un même mouvement sont facilitées ;

- il est possible d'accéder aux meilleurs experts mondiaux de la discipline.

Ainsi à titre d'illustration, nous pouvons voir qu'en *jiu-jitsu* brésilien, le multiple champion du monde, Raphael Mendes, présente de façon détaillée un grand nombre de techniques. Ce champion est un poids léger très technique et a une activité professionnelle d'enseignant qui lui donne un recul pédagogique certain sur ce qu'il présente. Nous pouvons dire qu'aucun professeur français ne connaît autant de techniques que lui et qu'aucun ne les maîtrise aussi bien. Est-ce qu'à partir de là l'enseignant ne sert plus à rien ? Nous montrerons un plus loin qu'il n'en est bien sûr rien.

Photo 2 : Cours de MMA

Source : Nanterre Club universitaire, 2016.

V. QUELLE UTILISATION DE CES OUTILS ?

Ces outils cumulent, s'ils ne sont pas utilisés à bon escient, un certain nombre de points faibles :

- le choix est tellement vaste et parfois mal organisé que le pratiquant peut être perdu devant cette profusion de contenus ;

- les contenus visionnés peuvent être non adaptés aux besoins actuels du pratiquant. De plus, certains contenus de mauvaise qualité sont présentés. Ainsi, des techniques peuvent, au moment du visionnage, n'être plus utilisées car rendues caduques par une évolution du règlement (on trouve ainsi encore des vidéos pour montrer en judo comment faire lâcher une saisie en utilisant les deux mains, ce que le règlement actuel interdit) ;

- les contenus ne sont pas présentés de façon progressive en permettant un apprentissage hiérarchisé par ordre de difficulté ;

- les successions de vidéos peuvent se faire sans cohérence. De plus, un grand nombre de contenus sont encore en anglais.

Le premier pas de l'accompagnement à l'utilisation de ces plates-formes sera la construction d'une utilisation collective de celles-ci au sein du club. Il s'agira de créer, dans un premier temps, une communauté pédagogique composée des membres du club et de l'équipe pédagogique. Des échanges pourront être réalisés pour proposer des sources de vidéos intéressantes (*playlist*, *coachs*, champions, etc.) Il sera utile de se donner les moyens de commenter les vidéos suggérées.

Au sein du club, une nouvelle répartition du temps peut être créée permettant :

- à certains pratiquants avancés de présenter leurs découvertes techniques et leur compréhension de celles-ci ;

- à l'ensemble des membres du club de pratiquer, à leur rythme, les techniques de leur choix, sous la supervision du professeur ;

- de filmer certaines techniques et de les mettre ensuite à la disposition de la communauté pédagogique, permettant ainsi aux élèves qui ne sont pas présents à tous les cours de visualiser les démonstrations techniques qu'ils ont ratées.

L'ensemble des membres du club pourra ainsi commenter ou poser des questions après avoir visionné les vidéos suggérées. Il devient également possible, parfois, de préparer des séances en demandant aux élèves de visionner quelques techniques qui faciliteront l'accès aux contenus proposés en cours. L'enseignant peut, grâce à ce procédé, passer moins de temps sur la démonstration et se consacrer davantage à la remédiation. Ce procédé est déjà utilisé, de nos jours, lors de certaines formations pointues dans différents domaines. Les stagiaires se voient demander, quelques semaines à l'avance, de visionner des contenus préparatoires avant la date du séminaire. Ces procédés de pointe peuvent être démocratisés avec un peu d'organisation.

D'un point de vue technique, les plates-formes permettent :

- de créer des *playlists* de vidéos sur des thèmes sélectionnés ;

- de constituer des communautés ou groupes qui peuvent être ouverts (accessibles à tous) ou fermés (réservés aux personnes sélectionnées). Il est possible de créer des groupes sur plusieurs niveaux (public, membres débutants, membres confirmés...) ;

- de partager les contenus jugés pertinents (option "partage") ;

- de les hiérarchiser (option "j'aime") ;

- de les évaluer et de les commenter ;

- de donner des liens complémentaires ;

- de répondre aux commentaires.

Nous connaissons, par exemple, un club phare du *Mixed Martial Arts* français qui a mis en place un groupe privé *Facebook* ouvert uniquement aux compétiteurs du club. À l'intérieur de ce groupe, les premières étapes préparatoires des combats à venir sont mises en place collectivement :

- collecte des combats des futurs adversaires ;

- analyse quantitative et qualitative de ces adversaires ;

- commentaires de l'ensemble du groupe pour poser les bases de la stratégie à mettre en place.

Des retours que nous avons, nous pouvons dire que ce *« groupe Facebook »* est un formidable outil permettant :

- une plus grande cohésion au travers de l'entraide et de la responsabilisation ;

- l'autonomisation des combattants, devenant acteurs de la construction stratégique ;

- l'émulation et la valorisation par le fait d'appartenir à un groupe restreint et qualitatif.

Si l'enseignant veut réellement développer l'autonomie de ses élèves dans ce rapport au savoir, il lui faut mettre à jour et transmettre deux types de critères :

Les critères de sélection
- Quels types de vidéos regarder (démonstration, compétition...) ? - Quelles sources fiables pour les contenus (palmarès, expérience, présentation de points clefs ou démonstration globale...) ? - Quel niveau minimum nécessaire pour pouvoir aborder cette technique ? - Comment évaluer l'éventuelle dangerosité de la technique ? - À quel moment de la préparation cette technique s'inscrit-elle (techniques fondamentales, éléments stratégiques liés à un problème rencontré...) ?

Les critères d'observation
- Quelle est la position de départ et d'arrivée (repères, points clefs) ? - Quelle est l'opportunité nécessaire pour engager la technique ? - Quels sont les principaux points posturaux ? - Dans quel ordre se font les différentes actions ?

L'enjeu n'est plus seulement de répéter une technique mais de développer des critères d'observation pour apprendre de plus en plus efficacement. L'élève doit être un spectateur éduqué et non un consommateur crédule. L'enseignant va devoir prendre du recul sur son activité pour objectiver ces critères et accepter de dévoiler les aspects secrets de son art. L'entraîneur élargit son rôle sur les aspects éducatifs, mais il s'agira dans ce modèle d'accepter que le savoir soit partagé et donc de laisser un espace pour que les compétences s'expriment.

Cette évolution renvoie à des enjeux éducatifs forts pour le pratiquant :

- développement de l'autonomie ;

- métacognition : apprendre à apprendre ;

- donner du sens aux apprentissages ;

- devenir acteur de son apprentissage ;

- implication émotionnelle.

Si l'utilisation des vidéos partagées sur les réseaux sociaux est le thème de ce texte, cet outil ne reste qu'un outil parmi d'autres tels que :

- le conditionnement physique ;

- la répétition ;

- les démonstrations et les réponses aux questions ;

- la mise en place de situations d'apprentissage ;

- les remédiations dans les séquences de combat.

Ces outils sont, de plus, à relativiser et ne constituent pas une baguette magique. Il faut mettre en garde les élèves contre l'illusion de l'autonomie totale. L'élève ne peut apprendre tout, tout seul, sans risque d'erreurs, de pertes de temps et d'impasses. Sans l'expertise de l'entraîneur, beaucoup d'erreurs de compréhension ou d'exécution risquent d'être perçues trop tard pour être facilement corrigées. La multiplication des vidéos techniques partagées sur les plates-formes nous renvoie à une problématique très contemporaine : l'accès à l'information est devenu facile, voire évident, mais le tri de l'information doit devenir la préoccupation majeure.

VI. UN OUTIL, MAIS DANS QUEL BUT ?

Il nous semble évident que ces nouveaux outils doivent s'inscrire au service d'un projet. Nos élèves ont des demandes. C'est légitime et il faut parfois y répondre. Mais ils ont surtout des besoins et c'est l'entraîneur, devenu éducateur nous l'avons vu, qui a l'expertise pour les déterminer. L'entraîneur accompagnera donc ses élèves dans l'acquisition des compétences qui leur sont nécessaires pour atteindre le projet (d'accomplissement personnel, de santé, de performance...), même si les outils utilisés, les techniques sélectionnées, les schémas tactiques proposés ne sont pas ceux qui sont à la mode du moment.

L'entraîneur est là pour s'assurer du respect d'une certaine temporalité propre à l'entraînement. L'utilisation intuitive des vidéos par les pratiquants est loin de suivre le cheminement optimal pour l'apprentissage. La démarche d'enseignement, quant à elle, est construite, c'est un processus rationnel. L'enjeu est de replacer le *zapping* naturel des élèves dans le processus d'apprentissage. Comme souvent en éducation, il convient de partir des représentations des apprenants pour les faire évoluer.

Il s'agit d'une relation de confiance et l'entraîneur ne peut déléguer ses responsabilités, quelle que soit l'efficacité des outils qui se présentent à lui.

∴

Les entraîneurs et les clubs peuvent anticiper ces questions en produisant des vidéos ou en partageant des contenus sélectionnés. Cela permettra aux clubs de proposer des contenus complémentaires à ce qui est présenté en cours afin de donner la possibilité à ceux qui le souhaitent d'aller plus loin ou de revoir à leur rythme. On pourra ainsi mettre en valeur les expertises des entraîneurs et des champions du club, mais aussi de donner une visibilité à des pratiquants plus modestes. L'entraîneur pourra utiliser cet espace pour donner des *feedbacks* post-compétition aux pratiquants.

Les marques commencent à investir cet espace du partage de vidéos pédagogiques et techniques. Le phénomène est déjà très répandu dans certains sports (sports de glisse, urbains ou extrêmes notamment). Certains appellent cela du « *marketing de contenu* ». C'est une « *stratégie marketing qui utilise la création et la diffusion de contenus pour gagner des clients* » d'après le *Dictionnaire du Webmarketing*...

Il serait dommage que les communautés éducatives ne s'approprient pas cet espace alors que d'autres, moins légitimes mais parfois plus dynamiques, y sont déjà.

Nous terminerons en remarquant que toutes les études marketing portant sur les usages des plates-formes et des réseaux sociaux montrent que les individus qui s'y trouvent souhaitent y rester. Il ne s'agit pas de créer un énième site institutionnel verrouillé aux seuls inscrits mais bien d'investir les réseaux sociaux avec toute la réactivité, la pertinence et l'impact que peut avoir une communauté éducative (que ce soit au niveau club ou au niveau fédéral) qui a un accès direct à des champions respectés, lesquels peuvent s'adresser au pratiquant à la descente du podium et lui demander de partager quelques-unes des clefs qui l'ont aidé à y monter...

RÉFÉRENCES BIBLIOGRAPHIQUES

HOUSSAYE Jean (1988), *Le Triangle pédagogique. Théorie et pratiques de l'éducation scolaire*, Berne, Peter Lang.

JOHNSON Roger, JOHNSON David et SMITH Karl (2006), *Active Learning : Cooperation in the College Classroom*, Halifax, Interaction Book.

MORIN Edgar (1986), *La Méthode, Tome 3 : La Connaissance de la connaissance*, Paris, Seuil.

DEUXIÈME PARTIE :

ÉTUDES DE CAS ET ILLUSTRATIONS

CHAPITRE 7

CATCH : HISTOIRE, STYLE ET SPECTACLE

Thomas DÉSARMÉNIEN*

Pour comprendre le Catch, il faut d'abord en connaître l'histoire et l'évolution.

C'est à la fin du XIXe siècle et au début du XXe que cette forme de spectacle prend tout son essor. Quand et comment a-t-elle été légitimée en temps qu'épreuve physique ? Quels sont les hommes qui ont rendu la lutte professionnelle si populaire et qui en furent les premiers champions du Monde ? Telles sont quelques-unes des questions auxquelles il est primordial de répondre avant d'aborder le rôle et l'impact de la vidéo dans ce sport-spectacle.

En effet, le Catch traverse différentes périodes fastes sur le plan médiatique. Documentée très tôt par le cinématographe, la lutte professionnelle devient une grande attraction de la télévision dès 1947 et, plus largement, au début des années 1950 aux États-Unis. Cependant, c'est véritablement au milieu des années 1980 avec la *Rock 'n' Wrestling Connection* et la création des réseaux câblés (tels que *MTV* aux États-Unis ou *Canal+* en France) puis, à nouveau, aux portes des années 2000 et avec la téléréalité que la discipline connaît une popularité planétaire.

Les personnages colorés des années 1980 et la technicité du début des années 1990 laissent la place à un caractère "extrême" dès la fin des années 1990. Au centre de cette popularité, une entreprise, la *World Wrestling Entertainment* (WWE), et un homme, Vincent Kennedy McMahon Jr., qui a su imposer sa suprématie et déployer des moyens financiers et médiatiques colossaux.

Au travers de deux lutteurs emblématiques, le canadien Bret Hart et l'américain Mick Foley, nous verrons comment la vidéo permit de "styliser" les caractères athlétiques, stratégiques et techniques de la discipline pour le premier et le caractère extrême et spectaculaire pour le second.

∴

* Professeur d'Anglais, traducteur et intervenant à l'Université de Bourgogne-Franche-Comté.

I. LES ORIGINES

A. La lutte

La lutte, que l'on appelle *Wrestling* en anglais, existe depuis plus de quinze mille ans et se retrouve sur tous les continents dans de nombreuses civilisations et mythologies. Cependant, il n'existe pas une seule forme mais plusieurs pour ce sport-spectacle populaire, très codifié. Deux d'entre elles vont donner naissance au *Catch* : la lutte dite "libre" et la lutte dite "gréco-romaine".

Figure 1 : Lutteurs

Source : Gustave Courbet (1853), Musée des Beaux-Arts de Budapest.

La lutte libre est tout d'abord la synthèse de différentes formes de luttes régionales traditionnelles anglaise, écossaise (*Scottish Backhold*), irlandaise (*Dublin Collar-and Elbow Wrestling*), bretonne (*Gouren*), indienne (la *Pehlwani*), iranienne (le *Varzesh-e Bastani*) ainsi que de *jujitsu* ou encore de judo. Ces luttes, parfois très anciennes, sont regroupées sous l'appellation *Folk wrestling*. La lutte libre devient discipline olympique aux JO d'été de Saint-Louis (États-Unis) en 1904.

En Angleterre, les différentes formes de lutte régionales qui ont conduit à la lutte libre se nomment *Cumberland and Westmorland Wrestling* dans le Cumbrie (lutte ancestrale), *Cornish Wrestling* en Cornouailles (attestée dès le XIIe siècle), *Devon Wrestling* dans le Devon (née au XVIIIe) et *Lancashire Wrestling* dans le Lancashire (apparue au XIXe).

En ce qui concerne la lutte gréco-romaine, cette dernière n'a finalement de gréco-romain que le nom. En effet, elle est créée en 1848 par un soldat de l'armée napoléonienne, Jean Exbroyat (ou Exbrayat), tout d'abord sous le nom *lutte à main plate* puis *lutte française*. Aucun coup sous la ceinture, ni torsion douloureuse ne doivent être alors portés. Elle est présentée dans les foires lyonnaises et connaît un succès tel qu'elle se propage comme une traînée de poudre non seulement dans toute l'Europe mais aussi en Russie et, dans une moindre mesure, jusqu'en Amérique du Nord. Toutefois, elle ne sera jamais vraiment populaire au Royaume-Uni, fief de la lutte libre. La lutte gréco-romaine devient discipline olympique lors des premiers Jeux de l'ère moderne en 1896 à Athènes, soit huit ans avant la lutte libre.

Figure 2 : *The Wrestlers*

Source : George Luks (1905), Musée des Beaux-Arts de Boston.

B. *Catch*, un mot, un style, la naissance au Royaume-Uni

En 1871, le britannique J. G. Chambers crée une lutte-spectacle hybride nommée *The Catch-as-catch-can Style*, littéralement *Attrape comme tu peux*. Celle-ci est inspirée des diverses formes de luttes présentes au Royaume-Uni, dans l'Empire colonial britannique et en Irlande. Pour gagner, il faut *couvrir* l'adversaire ou le forcer à *se soumettre*, action aujourd'hui connue sous le nom de *tap-out* ou argotiquement *Uncle*.

Même si le public semble intrigué par ces exhibitions, le succès n'est pas à la hauteur des espoirs de son promoteur. Aussi, différentes prises et clés, de jambe notamment, empruntées à d'autres formes de lutte, sont rapidement intégrées. Toute prise, *hold* ou *hook*, est désormais permise ; c'est le *No holds Barred* ! L'étranglement reste pour autant souvent banni… pour l'instant.

C. L'épopée américaine

Ce *Catch Wrestling* connaît un véritable engouement aux États-Unis au milieu des années 1870, même si les Américains disposent déjà d'une forme de lutte assez similaire, rendue populaire pendant et après la Guerre de Sécession (1861-1865). Le Président Abraham Lincoln était d'ailleurs lui-même lutteur !

La lutte irlandaise *Dublin Collar-and-Elbow Wrestling* est aussi présente et possède même un championnat américain dès 1867.

Lors de kermesses ou fêtes foraines, les lutteurs, souvent d'anciens soldats, invitent le public à tenter de les battre par *tombé*, appelé *pinfall*, ou par *soumission*, risquant à tout instant un mauvais coup mais surtout de casser un bras ou une jambe au volontaire insouciant. On les nomme *hookers*, *grapplers*, *shooters*, *journeymen* ou *carnies*. Les règles ont tendance à évoluer d'un match à l'autre. Le style est de plus en plus libre et brutal.

D. La jonction Amérique-Europe s'opère…

Le *Carnival Wrestling* est né. Il perdurera jusque dans les années 1960. À partir des années 1860, les lutteurs sont payés ; le Catch se professionnalise. Les promoteurs décident alors d'adopter un style toujours plus coloré pour leurs décors et les tenues des lutteurs. Ils créent aussi toute une mythologie autour des personnages, le gentil triomphant du méchant, le bien triomphant du mal.

Les *carny wrestlers* des *Athletic shows* ou *AT shows* sont maintenant les attractions principales aux États-Unis qui découvrent à peine le *baseball* et le football américain. En Europe, les cabarets, les théâtres, les music-halls, les salles d'opéra, la *Commedia dell' arte*, les cirques et les foires produisent déjà de très nombreux tournois de lutte gréco-romaine en y ajoutant personnages colorés et burlesques dès 1867.

Le style *Catch* américain revient en Europe à la fin du XIXe siècle. En France, à Saint-Ouen, à Joinville, au Casino de Paris ou encore en 1898 à la Foire du Trône, les deux styles, américain et européen, se mêlent. Le Catch s'implante également en Allemagne et en Autriche, déjà très friands de tournois de gréco-romaine, en Suisse, en Belgique, en Italie, au Mexique, au Japon et jusqu'en Australie.

II. LES PREMIERS CHAMPIONNATS, LES PREMIERS CHAMPIONS

Pour "légitimer" cette nouvelle forme de combat, de nombreux galas et championnats locaux, nationaux, européens mais surtout mondiaux, ou assimilés comme tels, sont créés. Il n'est pas rare, de-ci de-là, d'entendre être proclamés des "Champions du Monde" à la suite de tournois locaux. Le "Championnat du Monde" organisé par le promoteur et ancien lutteur Battaglia en 1897 à Bruxelles en est une parfaite illustration. Du 7 au 18 août 1897, 118 lutteurs s'affrontent dan un tournoi de lutte pour un titre mondial au Cirque Royal de Bruxelles. Toutefois, historiquement et très officiellement, il y a, à l'origine, cinq championnats : *The American/World Greco-Roman Heavyweight Title* (1880-1900-1901) ; *The World Catch-As-Catch-Can Heavyweight Title* (1881-1887) ; *The American Heavyweight Championship type Catch* (1881-1922) ; *The American Mixed-Style (Freestyle) Heavyweight Title* (1893-1922) ; *The World/European Greco-Roman Heavyweight Title* (1877, puis 1886 et enfin officiel 1894-1905).

Ce sont les premiers champions de ces divisions qui s'affrontent pour déterminer qui doit devenir le Champion du Monde incontesté et incontestable et vingt-cinq ans seront nécessaires pour qu'il soit enfin proclamé !

A. *The American/World Greco-Roman Heavyweight Title* (1880-1900-1901)

Devant trois à quatre mille personnes, le premier *showman*, William *Bill* Muldoon, bat Thiebaud Bauer le 19 janvier 1880 à New-York City, au *Madison Square Garden I*, pour devenir ainsi très officiellement le premier Champion américain/du Monde Poids-lourd de Lutte gréco-romaine.

Auparavant, William Muldoon avait remporté un titre de Champion européen/du Monde Poids-lourd de Lutte gréco-romaine le 6 février 1877 contre le champion français André Christol. Il avait alors été reconnu comme le tout premier Champion du Monde de Lutte. Un championnat éponyme sera créé en 1894 et le titre de Muldoon ne sera pas comptabilisé dans les statistiques.

B. *The American Heavyweight Championship type Catch* (1881-1922)

Le 19 janvier 1881, à New-York City, dans un match de *Catch-as-catch-can* comptant pour *The Championship of America*, Edwin Bibby bat

Duncan C. Ross et est reconnu comme le premier Champion américain Poids-lourd de Lutte type Catch.

C. *The World Catch-As-Catch-Can Heavyweight Title* (1881-1887)

À Londres, le 9 décembre 1881, *The Little Demon* Joe Acton bat Tom Cannon et est reconnu comme le premier Champion européen Poids-lourd de *Catch-as-Catch-Can.*

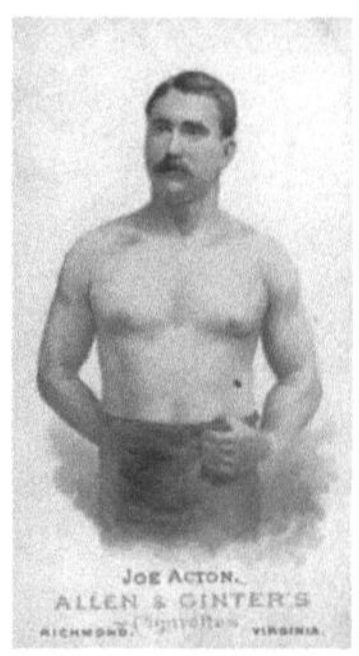

D. La première controverse

Le 7 août 1882, à New-York City, Joe Acton est reconnu Champion américain et Champion du Monde Poids-lourd de *Catch-as-Catch-Can* grâce à sa victoire sur Edwin Bibby et celle sur Tom Cannon l'année précédente. Malgré cette défaite, Edwin Bibby est toujours considéré comme Champion après sa victoire contre le Champion américain/du Monde de Lutte gréco-romaine William Muldoon, un mois plus tard, le 3 septembre 1882 à Elmira.

Pourtant, un an auparavant, le 2 mars 1881, Bibby avait perdu contre ce même Muldoon. Les titres de Champion américain/du Monde Poids-lourd de Lutte gréco-romaine et de Champion américain Poids-lourd de Lutte type Catch auraient pu être unifiés.

E. Evan *Strangler* Lewis

C'est Evan Lewis, dit *The Strangler*, qui unifie les premiers titres. Il est d'abord reconnu Champion américain Poids-lourd de Lutte type Catch le 11 avril 1887 à Chicago, en battant Joe Acton, puis Champion *Catch-As-Catch-Can* en battant le Champion américain/du Monde de Lutte gréco-romaine en titre Ernest Roeber, le 18 mai 1890, puis à nouveau le 2 mars 1893.

F. *The American Mixed-Style (Freestyle) Heavyweight Title* (1893-1922)

Evan *Strangler* Lewis, inventeur du *strangle hold* ou étranglement, Champion américain Poids-lourd unifié, est aussi connu sous le titre de premier Champion américain Poids-lourd de Lutte Libre, ancêtre du *Mixed martial arts* (MMA). La généalogie du titre américain et américain *Freestyle* est la même jusqu'en 1910.

G. The World/European Greco-Roman Heavyweight Title (1877, 1886 et enfin officiel de 1894 à 1905)

Comme évoqué précédemment, William Muldoon remporte un titre du même nom le 6 février 1877 en battant le Champion français André Christol et est alors proclamé le tout premier Champion du Monde de *Lutte*.

Cependant, c'est Tom Cannon, le 18 décembre 1886, en battant William Miller à Melbourne, puis Tom McInerney à Liverpool, le 22 août 1894, qui apparaît dans les statistiques comme le premier Champion du Monde/européen Poids-lourd de Lutte gréco-romaine.

H. Le premier Champion du Monde unifié : Georg Hackenschmidt, *Le Lion Russe*

Georg Hackenschmidt est le *Hulk Hogan* du Catch à l'aube du XXe siècle. Musclé tel un dieu grec, il est charismatique et enthousiasme les foules, qui plus est à une époque où les femmes commencent à avoir le droit d'assister aux représentations. Mais c'est surtout un lutteur gréco-romain redoutable.

En plus de nombreuses victoires et titres de Champion en Russie, en Allemagne et en France, il gagne deux tournois de lutte gréco-romaine à la suite, à Paris et à Vienne, en novembre 1901.

Puis, il bat Tom Cannon, le 4 septembre 1902, à Liverpool pour devenir Champion du Monde/européen de Lutte gréco-romaine, titre qu'il conserve jusqu'à la fin de ce championnat, le 4 mai 1905 !

Le 30 janvier 1904, à Londres, il est proclamé Champion du Monde et est reconnu comme tel en Europe suite à sa victoire sur *The Terrible Turk* Ahmed Madrali. Le 4 mai 1905, à New-York City, il bat Tom Jenkins alors Champion américain Poids-lourd unifié. Il est alors reconnu comme le premier Champion du Monde incontesté de Lutte, toute variante confondue.

De 1896 à 1911, il ne dispute pas moins de trois mille matches et n'en perd que deux ! Il est aussi l'inventeur du *Squat*.

I. L'ère des Pionniers du ring

Georg Hackenschmidt désormais Champion unifié, les titres américain et européen/du Monde de Lutte gréco-romaine disparaissent.

Le style et le Championnat du Monde *Catch-as-catch-can* sont définitivement adoptés. Toutefois, le titre américain perdure jusqu'en 1922 avec certains hiatus.

Les luttes libre et gréco-romaine "s'amateurisent", au sens olympique du terme. Il n'est pas rare que des catcheurs s'engagent aux JO, de même que des Olympiens deviennent par la suite catcheurs professionnels.

De 1905 à 1942, le Catch entre dans l'ère dite des "Pionniers". Le 3 avril 1908, à Chicago, devant huit à dix mille personnes, et trois ans après avoir décroché le titre, *Hack* perd face à Frank Gotch, alors triple Champion américain en titre. Gotch légitime encore un peu plus le titre de Champion incontesté et se retire invaincu en 1913. Le titre ne réapparaît qu'en 1914.

J. Le match retour trois ans après !

Le 4 septembre 1911 à Chicago, Frank Gotch bat à nouveau Georg Hackenschmidt devant trente mille personnes.

Or, il a au préalable payé cinq mille dollars un *shooter*, Dr. Benjamin Roller, afin de blesser *Hack* au genou à l'entraînement. La presse a vent de l'affaire et le Catch s'en trouve discrédité. Il va en souffrir pendant six ans avant qu'Ed *Strangler* Lewis ne s'empare du titre en 1917.

K. Les pionniers et champions

Entre 1905 et 1929, le Catch reconnaît un titre de Champion du Monde Poids-lourd unifié et incontesté… En réalité, des tensions apparaissent dès

1914 révélant ainsi les divers intérêts personnels de chaque promoteur local. C'est ainsi que naissent les fédérations entre la fin des années 1910 et le début des années 1920.

De 1928 à 1931, de vraies scissions font voler définitivement en éclat le titre de Champion du Monde Poids-lourd unifié. Le Catch ne connaîtra plus jamais de période aussi longue avec un champion unique. De multiples promoteurs feront tout pour promouvoir leur champion respectif.

C'est dans ce contexte que naît alors la notion de *territorialité* (un promoteur, une fédération, un champion par région) qui sera démantelée progressivement à partir de 1982 par Vincent Kennedy McMahon Jr. Une guerre éclate alors entre la *World Wrestling Federation* (WWF), fédération appartenant à Vincent McMahon Jr., la *National Wrestling Alliance* (NWA) née de l'alliance de six fédérations régionales indépendantes, l'*American Wrestling Association* (AWA) de Verne Gagne et Wally Karbo, la *World Championship Wrestling* (WCW) de Ted Turner et l'*Extreme Championship Wrestling* (ECW) de Tod Gordon. Les hostilités ne prendront fin qu'en 2001 avec la victoire écrasante de la *World Wrestling Federation.* En battant successivement *The Rock* et *Stone Cold Steve Austin*, Chris Jericho devient Champion du Monde Poids-Lourd, unifié et incontesté, le 9 décembre 2011. Le premier en soixante-dix ans !

III. UNE POPULARITÉ UNIQUE : LA RECETTE DE VINCENT KENNEDY MCMAHON JR.

Du milieu des années 1980 au milieu des années 1990, le Catch américain explose sur la scène internationale grâce à la forte couverture télévisuelle de la *World Wrestling Federation* (WWF) de Vincent Kennedy McMahon Jr.

Dès 1986, les "super-héros" colorés et "survitaminés" sont suivis par des millions de téléspectateurs à travers le monde chaque semaine grâce à l'émission *Superstars* puis, à partir de 1993, avec *Monday Night Raw.* Chef de file de ces lutteurs, *Hulk Hogan* porte fièrement la ceinture de Champion du Monde Poids-lourd WWF créée en 1963. Mais ses prédécesseurs légendaires tels que Bruno Sammartino ou Bob Backlund voient d'un mauvais œil l'arrivée de ce nouvel *Hercule* qui bouscule les codes établis.

A. Les McMahon, cent ans de domination

Au début du XXe siècle, à New-York City, deux frères d'origine irlandaise, Roderick James, dit *Jess* (1882-1954) et Edward (1880-?) McMahon se lancent en tant que promoteurs de boxe (dès 1909) puis, dans un second temps, de basket-ball (1911) et ce avec succès. En 1915, Jess vient au Catch et rend successivement célèbres les *Madison Square Garden* (*II*, *III* et *Bowl*). En 1952, il fonde, avec Toots Mondt, la *Capitol Wrestling Corporation* (CWC). Il décède en 1954 et c'est son fils Vincent qui lui succède.

Suite à une scission avec la *National Wrestling Alliance* (NWA), Vince McMahon Sr. (1914-1984) crée en 1963, sur la base de la CWC, la *World Wide Wrestling Federation* (WWWF) et le titre de Champion du Monde Poids-lourd. New-York City devient la capitale mondiale du Catch et le *Madison Square Garden IV* le haut lieu de ce sport-spectacle. En 1979, la WWWF devient WWF : *World Wrestling Federation.*

En 1982, Vincent Jr. (né en 1945) rachète la fédération de son père et démarre "l'expansion" de sa société en s'appuyant sur un lutteur et *pas des moindres* : Terry *Hulk Hogan* Bollea.

En 1985, McMahon invente la "grande messe" du Catch : *Wrestlemania.* Cet événement, devenu aujourd'hui mythique, a lieu chaque année au printemps, fin mars-début avril, et permet ainsi à la fédération de se produire à guichets fermés en rassemblant des milliers de spectateurs à chaque édition. Le record absolu sera établi le 29 mars 1987, au *Pontiac Silver Dome* de Detroit (Michigan) où 93 173 fans assistent à *Wrestlemania III.* Ces privilégiés ont pu ainsi voir *Hulk Hogan* soulever et battre le géant français de deux mètres vingt-quatre et de deux cent quarante kilos, le célèbre et emblématique André *The Giant.* Plus encore, Vince McMahon utilise alors pour ses grands événements un nouveau procédé télévisuel, le *Pay-per-view*, c'est-à-dire le divertissement sportif câblé payant à la carte. Ce système sera très lucratif de 1985 aux portes des années 2010 où il sera alors de plus en plus concurrencé par les retransmissions Internet.

Suite à un procès perdu contre le *World Wide Fund* (WWF), avec lequel la fédération partageait jusqu'alors les mêmes initiales, la WWF est rebaptisée *World Wrestling Entertainment* (WWE) en 2002.

B. Le titre WWWF puis WWF, plus de cinquante ans de tradition et un titre qui rend fou

Crises cardiaques, usage de stupéfiants en tout genre, refus de céder sa place, jalousie, paranoïa... Le titre de Champion du Monde Poids-lourd de la fédération de Catch la plus célèbre au monde connaît toutes sortes de péripéties.

C'est tout d'abord *The Nature Boy* Buddy Rogers qui est couronné Champion du Monde Poids-lourd WWWF puis le légendaire Bruno Sammartino pour une période record de presque huit ans (2 803 jours) !

Sammartino s'empare du titre de Rogers en 48 secondes, ce dernier aurait subi une crise cardiaque quelques jours avant le match mais avait quand même choisi de remplir ses obligations.

Ivan Koloff, Pedro Morales, Stan Stasiak, Sammartino à nouveau, *Superstar* Billy Graham et Bob Backlund sont successivement champions. Toutefois de 1971 à 1983, le titre redevient régional lorsque la WWWF rejoint à nouveau la NWA...

En 1982, Vince McMahon Jr. reprend la fédération de son père (devenue WWF en 1979) et décide de se retirer de la NWA en 1983. Il lui faut reprendre la ceinture de Champion des hanches de Bob Backlund. Ce changement de ceinture se fait dans la douleur, Backlund refusant d'abandonner le titre à *Hulk Hogan* après 2 135 jours de règne ! Arrive alors dans l'équation le redoutable *shooter*, *The Iron Sheik*, qui prend le titre à Backlund, trahi par son manager Arnold Skaaland. Il s'agit là d'une manœuvre douteuse dans le but d'assurer la suprématie de la WWWF sur les autres fédérations en possédant le titre suprême de Champion du Monde Poids-lourd, garantissant ainsi l'intérêt et la passion des fans qui s'enflamment à présent pour leur nouvelle idole : *Hulk Hogan*. Si Bob Backlund ne se remettra jamais de ce qu'il considérera toujours comme une profonde injustice, Vince McMahon Jr. n'hésitera pas à réitérer ce type de manœuvre à Montréal au Canada lors des *Survivors Series* 1997.

Le jeune et puissant *Hulk Hogan* s'empare donc du titre de Champion du Monde Poids-lourd en battant *The Iron Sheik*, champion de "transition" : c'est la naissance de la *Hulkamania* ! Toutefois, ce nouveau "super-héro" manque de se faire casser la jambe par le *Sheik* à qui un promoteur concurrent, Verne Gagne, propriétaire de l'AWA, aurait offert 150 000 $ pour contrecarrer les plans de Vince McMahon... Rappelons que de telles pratiques remontent au *Carnival Wrestling* (1860) et furent utilisées lors du match de Championnat du Monde entre Frank Gotch et Georg Hackenschmidt en 1911. *Hulk Hogan* reste Champion quatre ans, permettant à nouveau de légitimer le titre, titre qu'il conquiert à quatre autres reprises jusqu'en 1993. Entre-temps, un autre lutteur s'est peu à peu imposé : le canadien Bret *Hitman* Hart.

IV. BRET *HITMAN* HART OU L'EXCELLENCE DE L'EXÉCUTION

Prétendre être le meilleur de tous les temps (*the best there is, the best there was and the best there ever will be !*) implique de bien maîtriser son sujet.

Le canadien Bret *Hit Man* Hart est issu de l'une des plus grandes familles du Catch, la famille Hart. Son père, le légendaire Stu Hart, se lança dans le monde du Catch à la fin des années 1920 en devenant lutteur amateur puis professionnel après la Seconde Guerre mondiale. En 1948, il fonde sa propre fédération, *Stampede Wrestling*, et poursuit sa carrière d'entraîneur débutée dans les années 1930 à l'Université d'Alberta. C'est à Calgary, dans le sous-sol aménagé du manoir familial, le célèbre *Donjon*, que furent formés «à la dure» par Stu Hart des générations de lutteurs dont les célèbres Billy Graham ou encore Jesse Ventura.

Les propres fils de Stu passèrent également par l'école paternelle : Smith, Bruce, Keith, Wayne, Dean, Ross, Owen et, bien entendu, Bret. Entraîné par son père et par ses frères aînés, notamment Bruce, Keith et Smith, Bret fait ses armes entre le Canada, Puerto Rico et le Japon. Au contact du *Dynamite Kid* Tom Billington, de Jim *The Anvil* Neidhart et du *British Bulldog* Davey *Boy* Smith, ses beaux-frères, il affine son style unique. Lorsqu'en 1984, Stu Hart cède sa fédération à Vince McMahon Jr., Bret, *Dynamite Kid*, Jim et Davey sont enrôlés à la *World Wrestling Federation*, en pleine expansion, et y imposent un style technique et acrobatique alors méconnu aux États-Unis.

À l'opposé des "monstres" des années 1980, tels que *Hulk Hogan*, André *The Giant* ou *King Kong Bundy*, encore très ancrés dans l'esprit forain des débuts du Catch au XIXe siècle, Bret Hart ne mesure pas deux mètres, ne pèse pas 150 ou 200 kilos et n'est pas bodybuildé. Accoutré néanmoins d'une tenue pour le moins colorée, Hart, un mètre quatre-vingt et 106 kilos, se concentre sur l'aspect technique de la lutte professionnelle et adopte surtout un style s'adaptant aux divers gabarits de ses adversaires.

Adepte d'un Catch traditionaliste, technique et rapide, Bret redéfinit le Catch des années 1990 avec un arsenal de prises et contre-prises. Il y inclut une routine de fin de match comprenant le balayage de la jambe à la russe (*Russian Legsweep*), le brise-dos (*Pendulum backbreaker*), la descente du coude de la seconde corde (*pointed elbow*) ou encore la souplesse depuis la troisième corde (*superplex*). Il établit ainsi un style unique, rythmé, athlétique et esthétique, mêlant finesse et intensité. Sa prise de finition (*signature move*), une clé de jambe, prise de soumission, appelée *sharpshooter*, en est le plus bel exemple.

Voté meilleur catcheur du monde en 1993 et en 1994, et quatrième plus grand catcheur, par le très respecté *Pro Wrestling Illustrated*, citons ici parmi ses plus beaux matchs, *SummerSlam 1991* et le *King of the Ring 1993* contre *Mr. Perfect* Curt Hennig, *SummerSlam* 1992 contre son beau-frère le *British Bulldog* Davey *Boy* Smith, *Wrestlemania X* et *SummerSlam 1994* contre son jeune frère Owen Hart, *Wrestlemania XII* contre Shawn Michaels en 1996 ou encore *Monday Nitro* contre Chris Benoit en 1999.

L'impact de Bret Hart et de l'école ouest-canadienne sur la lutte professionnelle est immense tant il motive une génération de jeunes catcheurs et les influence dans leur style technique, leur approche du Catch et la possibilité de réussir dans ce milieu sans pour autant être un poids-lourd. Chris Benoit, *Chris Jericho*, *Edge* ou encore *Christian* en sont des exemples criants et deviennent tous multiples champions. N'oublions pas non plus la nouvelle génération de Hart, la *Hart Dynasty* engagée par la WWE dès 2007 et composée du fils du *British Bulldog*, Harry *David* Hart Smith, de la fille de Jim Neidhart, Natalya, et de son époux *Tyson Kidd*.

V. MICK FOLEY, CELUI QUI PRÉCIPITA LES CHOSES...

Si Bret Hart axe son Catch sur l'esthétique technique, l'américain Mick Foley, au travers de ses nombreux personnages (*Cactus Jack*, *Mankind* et *Dude Love*), opte pour une facette plus sombre de la lutte, le Catch dit *Hardcore*, et se réinscrit dans l'esprit des bêtes de foire. Lors de matchs où tout est permis, où les accessoires (tables, chaises, échelles, poubelles en métal, bâtons, etc.) sont autorisés, Foley expose son corps à de terribles mutilations.

Scarifié (Mick perdit une oreille lors d'un match en 1994 contre le redoutable *Vader*), ensanglanté, brûlé, dynamité par de l'explosif C-4 (lors du tournoi *King of the Death Match* en 1995), jeté dans des punaises, précipité au travers de tables, enchevêtré dans des barbelés, projeté à même le ciment, Foley impose un style spectaculaire, déraisonnable, et repousse les limites du physiquement possible et endurable. Avant même de devenir lutteur professionnel, le jeune Foley se jetait déjà du toit de sa maison pour imiter son idole Jimmy *Superfly* Snuka, lutteur qui avait été le premier à sauter du haut d'une cage dans un match contre Don Muraco au *Madison Square Garden* de New-York le 17 octobre 1983.

C'est le 28 juin 1998, lors de l'événement *King of the Ring* de la WWF, affrontant *The Undertaker* dans un match intitulé *Hell in a Cell* (L'enfer en cage), que Foley, déjà bien établi dans le monde de la lutte, devient une légende. À l'inverse de Bret Hart qui collectionne les titres et s'impose comme un technicien, Mick est projeté du haut d'une cage de cinq mètres, directement au travers d'une table d'annonceurs en contrebas ! Quelques minutes plus tard, et alors que tout le monde pense que le match est terminé avant d'avoir commencé, épaule déboîtée, Foley va "ré-escalader" la cage pour subir un écrasement, cette fois dans le milieu du ring. Or, une chaise, amenée précédemment en haut de la cage, et entraînée dans la chute, assomme net Mick Foley, lui casse une dent qu'il avale. Cette même dent ressort quelques minutes plus tard par le nez ! Le match dure encore de nombreuses minutes, multipliant les coups violents…

L'enfer en cage

Ce match est voté "Meilleur match de l'année" 1998 par *Pro Wrestling Illustrated* et, si Mick devient Champion du Monde plus tard cette même année et désigné 46e plus grand lutteur de tous les temps, le retentissement de cette première chute est incroyable. Dès lors, la lutte n'a plus aucune limite et des athlètes tels que les *Hardy Boyz* tentent de se projeter de plus haut et de prendre plus de risques pour renforcer le côté spectaculaire, au détriment toutefois des prises et contre-prises. Le caractère "cascade" avec des *spots* (emplacements ciblés pour une chute) devient la norme. Il ne s'agit dès lors plus d'étudier comment lutter mais comment chuter en espérant que tout se passe pour le mieux…

Les tribulations de Foley dopent certes l'audimat du Catch mais conduisent toutefois à une radicalisation du *Backyard Wrestling*, activité extrêmement dangereuse, expression d'une génération *Y* tentant d'imiter ses catcheurs préférés, luttant dans les jardins, à même le sol, reproduisant des prises spectaculaires sans avoir reçu d'entraînement spécifique, sans précaution et tout en filmant les scènes. Quant au Catch, ce qui fut plus tard appelé l'*Attitude Era* (1997-2002), il perdurera dans ce style *hardcore* jusqu'en 2008 avant de revenir progressivement à un style tout public.

∴

Depuis son apparition à la fin du XIXe siècle, le Catch a beaucoup évolué et, tel un phœnix, aura su se réinventer maintes fois : au milieu des années 1980, avec des personnages héroïques et colorés, ainsi qu'aux portes des années 2000, avec une approche très agressive. Par le truchement de la télévision et de la WWF/WWE, il a explosé internationalement.

Divertissement sportif par excellence, esthétique et technique au travers de lutteurs tels que Bret Hart, spectaculaire et extrême avec des catcheurs comme Mick Foley, le Catch reste un sport de combat à part qui captive et interpelle. Les prises utilisées et les chutes effectuées le sont par des athlètes défiant jusqu'à la gravité dans le seul but de divertir des foules immenses.

Les États-Unis ont réussi à capter l'essence même du Catch, mêlant athlétisme, style et spectacle et véhiculant une grande tradition foraine, inscrivant ainsi la lutte professionnelle dans l'ADN de la culture populaire.

RÉFÉRENCES BIBLIOGRAPHIQUES

DÉSARMÉNIEN Thomas (2013 *a*), *Bret "Hitman" Hart, chroniques 1, 2, 3*, Rumilly, AYA/ECA.

DÉSARMÉNIEN Thomas (2013 *b*), *Catch. Les Origines, chroniques*, Rumilly, AYA/ECA.

FOLEY Mick (1999), *Mankind : Have a Nice Day. A Tale of Blood and Sweatsocks*, New York, Harper Collins.

HART Bret (2008), *My Real Life in the Cartoon World of Wrestling*, Toronto, Penguin Random House of Canada.

HOFSTEDE David (2001), *Wrestling. A Pictorial History*, Toronto, ECW Press.

SHIELDS Brian et SULLIVAN Kevin (2010), World Wrestling Entertainment, *Encyclopédie Hachette du Catch*, Paris, Hachette.

RENCONTRES ET ENTRETIENS RÉALISÉS
Bret Hart, catcheur, 11 novembre 2008, American Wrestling Rampage, Halle Tony Garnier, Lyon. Tatanka, catcheur, 11 novembre 2008, American Wrestling Rampage, Halle Tony Garnier, Lyon. Rob Van Dam, catcheur, 22 mars 2009, American Wrestling Rampage, Zénith de Dijon. Sabu, catcheur, 22 mars 2009, American Wrestling Rampage, Zénith de Dijon. Rob Van Dam, catcheur, 17 novembre 2009, American Wrestling Rampage, Zénith de Strasbourg. Sean Waltman, catcheur, 17 novembre 2009, American Wrestling Rampage, Zénith de Strasbourg. Sid, catcheur, 17 novembre 2009, American Wrestling Rampage, Zénith de Strasbourg. Brutus Beefcake, catcheur, 12 juin 2010, Fan Festival, Maizières-lès-Metz. Raymond Rougeau, catcheur/commentateur, 12 juin 2010, Fan Festival, Maizières-lès-Metz. Ted Dibiase Sr., catcheur/manager, 12 juin 2010, Fan Festival, Maizières-lès-Metz. Booker T, catcheur, 14 novembre 2010, American Wrestling Rampage, Zénith de Dijon. Scott Steiner, catcheur, 14 novembre 2010, American Wrestling Rampage, Zénith de Dijon. The Sandman, catcheur, 14 novembre 2010, American Wrestling Rampage, Zénith de Dijon. Shelton Benjamin, catcheur, 14 novembre 2010, American Wrestling Rampage, Zénith de Dijon.

CHAPITRE 8

LA BOXE DE RUE : LA VIDÉO, LE VRAI TROISIÈME HOMME ?

Jean-François LOUDCHER*

La boxe de rue est un sujet qui peut prêter à controverses car son champ est loin d'être bien délimité. Aussi est-il nécessaire d'en préciser les contours.

En premier lieu, l'objet n'est pas la boxe sportive (Loudcher, 2006 et 2010 *a*), même si de fortes ressemblances peuvent être envisagées. Il ne concerne pas non plus le combat de rue où tout est permis. Par ailleurs, si les *Free fights* conduisant aux *Mixed Martial Arts* (Grosperrin, Loudcher et Aceti, 2014) donnent à voir des spectacles "violents" qui offriraient certaines similitudes avec la boxe de rue, cette dernière ne se réduit pas à la seule utilisation des poings. Enfin, il s'agit encore moins d'étudier une pratique martiale (Loudcher, 2010 *b*, *c*, et *d*) déterminée par une quelconque recherche d'accomplissement de soi plus ou moins spirituelle. En réalité, cette activité se rapproche plus des duels à poings nus se déroulant aux XVIIIe et XIXe siècles en Angleterre ou à ceux qui engendrent la savate sous le règne de Louis-Philippe (Loudcher, 2000 et 2008).

En deuxième lieu, le caractère illégal de cette pratique mène forcément à des études parcellaires : la démarche interroge, dès lors, la qualité "scientifique" des informations recueillies. En effet, provenant en majorité de vidéos visionnées sur Internet, dans quelle mesure leur analyse peut-elle avoir de valeur généralisable ? Ce risque sera, en partie, limité grâce aux solides connaissances socio-historiques acquises sur le sujet de la boxe depuis plusieurs dizaines d'années provenant d'archives, de lectures d'ouvrages divers ainsi que de témoignages issus de rencontres plus ou moins "fortuites".

Néanmoins, cette activité pugilistique se déroulant entre deux individus et régulée plus ou moins par un code dont un tiers est le garant de son application sur un sol en général bitumé reste toujours un peu difficile à saisir et à rendre compte d'un point de vue "savant". Le point de vue adopté, centré sur l'utilisation de la vidéo, nous permet alors d'affiner notre réflexion sur un des aspects un peu particulier de cette pratique. Ainsi, nous nous sommes demandé en quoi le niveau et la forme de combat dans la boxe de rue (richesse technique, enchaînements…) varient en fonction de la place et

* Professeur de STAPS, Université de Bordeaux, Laboratoire C3S : « Culture, Sport Santé, Société » (EA 4660).

du rôle tenus par la caméra. Deux hypothèses en découlent. D'une part, le plan fixe éloigné serait en relation avec une influence minime de la caméra et témoignerait d'un niveau technique faible (bagarreurs amateurs). D'autre part, l'utilisation de la caméra en poursuite dénoterait une influence plus grande de celle-ci sur les boxeurs et rendrait compte d'un niveau technique élevé proche des semi-professionnels.

La formulation d'une problématique portant, non pas sur une démarche visant à construire empiriquement l'objet à l'aide de statistiques établies à partir du visionnement de vidéos, mais plutôt à partir d'une hypothèse portant sur la nature de ces combats, permet ainsi de limiter nos choix. En réalité, c'est une vraie/fausse problématique qui est déclinée, engageant aussi des hypothèses du même genre. Nous montrerons que, si elles peuvent être vraies à certaines conditions, les raisons qui les animent en sont néanmoins différentes.

Quoiqu'il en soit, il n'en demeure pas moins que la boxe de rue est un "relatif" phénomène de société qu'il paraît légitime d'étudier. Non seulement le nombre important de vidéos postées sur le net renforce cette idée, mais la pratique semble avoir atteint une certaine visibilité publique. Ne fait-elle pas l'objet de cours, voire de stages, comme celui organisé par l'ancien "savateur" Robert Paturel ? En outre, elle est aussi évoquée en tant que "culture" urbaine comme en témoigne la ligne de vêtements portant le nom de *« boxeurs de rue »*. Il semble donc légitime d'essayer d'approcher cet objet d'un point de vue plus "scientifique". Et même s'il appelle à des recherches futures plus amples, nous espérons ainsi amorcer le processus.

∴

I. UNE BRÈVE HISTOIRE DU COUP DE POING "CIVILISÉ" AVANT LA BOXE ANGLAISE

La plupart des récits mythologiques évoquent des pratiques de combat dans le processus de constitution des civilisations. Que ce soit le conte du *Mahâbhârata* hindou, celui du *Gilgamesh* assyrien ou les écrits homériques, tous rapportent des combats, mélangeant plus ou moins coups de poing, coups de pied et armes. Toutefois, les premiers témoignages de pugilat (rencontre à poings nus) remontent à la Mésopotamie (2000 à 1500 av. J.-C.), à l'Égypte et au monde minoén (environ 1500 av. J.-C.) (Dietrich, 1999). L'activité se répand ensuite en Grèce à partir du XIIe siècle (Homère) pour être instituée lors de la XXIIIe Olympiade (688 av. J.-C.) : elle devient l'une des expressions les plus remarquables de la culture corporelle grecque (Veyne, 1987). Mais la domination romaine, favorisant l'usage de cestes (bandes de cuirs recouvrant les poings et serties de métal), modifie les affrontements originaux se déroulant à poings nus ou avec des lanières de cuirs plus ou moins dures. Ces pratiques se transforment alors en spectacle de cirque et perdent graduellement en popularité pour s'éteindre au VIe siècle de notre ère avec l'expansion de la chrétienté. Ce pugilat dépend donc d'un contexte social et culturel original qui préside à la création de la discipline mais aussi à sa fin ; il participe, de plus, à sa spécificité "technique".

Toutefois, il serait faux de réduire à la seule aire méditerranéenne l'existence de pratiques pugilistiques. Ainsi, à Hawaï, au XVIIIe siècle, se déroule une forme de pugilat, ainsi que le rapporte le capitaine James Cook, proche de celle alors en vigueur en Angleterre. Cependant, l'affrontement à coups de poing est assez particulier : le vainqueur reste dans l'aire de combat jusqu'à ce qu'il soit battu par un nouvel arrivant. L'un des deux combattants peut même être défié par un tiers et doit alors accepter le nouvel engagement. Ces rencontres font partie d'un rituel (Makahiki Festival) où l'on valorise de cette manière le courage, autant d'ailleurs chez les hommes que chez les femmes (Gundolf, 1999). On retrouve aussi une pratique pugilistique similaire au Siam, ainsi que le souligne Simon de la Loubère (1715) lors de son voyage en tant que représentant de Louis XIV. Affrontements à coups de genoux et de coudes sont associés à des cérémonies et des rites comparables. Un peu plus tard, au Laos, ces pratiques sont aussi attestées. Enfin, d'autres formes de luttes pugilistiques similaires sont observées à Madagascar. Le *moraingy* ou plutôt des formes de *moraingy* se développent (Combeau-Marie et Ratsimbazafy, 2006) dont l'une accepte les coups de poings ainsi que l'évoque Étienne de Flacourt au XVIe siècle (Flacourt, 1658).

En tout état de cause, on peut certes parler d'activités de combat, voire de rencontres pugilistiques, dans la mesure où deux individus ont pour cible le corps adverse dans un environnement stable et requérant un point de départ (Parlebas, 1981) au moyen d'armes de percussion portées directement par le corps. Mais, de plus, ces rencontres sont sacralisées et ont lieu lors de festivités rituelles appelant à l'utilisation de règles. Quant aux activités de combat se pratiquant dans un ring ou un dojo, il est clair que les motivations en sont fort différentes (Loudcher et Renaud, 2011). Ainsi, on peut dire que si la boxe de rue met à l'œuvre un code plus ou moins ritualisé, ces combats n'ont pas la dimension sacrée de ces pratiques traditionnelles. De plus, elle ne répond pas à la logique moderne de compétition sportive déterminée par l'idée d'un seul champion consacré même si, bien souvent, il y a des relations entre ces deux dernières pratiques.

II. LA BOXE MODERNE

Certes, il y a bien un lien entre les combats à poings nus observés aux XVIIe et XVIIIe siècles en Angleterre, d'une part, et la boxe sportive qui se développe au siècle suivant, d'autre part. Enrichie par le commerce et isolée dans leur île, l'élite anglaise promeut un mouvement de pacification sociale dans lequel, non seulement les pugilats, mais aussi les courses de chevaux, les courses à pied, les combats de coqs et de chiens ainsi que les matchs de cricket tiennent une place essentielle. Dès lors, la *Fancy* (c'est-à-dire le pugilat à poings nus tel que les Anglais l'appellent alors) peut prétendre à un autre statut que les simples rixes de rue tout en témoignant de qualités patriotiques.

De nombreux écrits signalent l'existence de ce genre de combats à la fin du XVIIe siècle (Loudcher, 2000). Ceux-ci obtiennent progressivement les faveurs du public et ont pignon sur rue au début du siècle suivant. Des "baraques", à l'instar de celle construite par le fameux James Fig, sont érigées. Ce dernier établit une *academy*, puis un *Amphithéâtre*, en 1719, dans Oxford Road (Marybone). À sa suite, Jack Broughton construit, en 1742, un amphithéâtre et propose à ses élèves d'utiliser des gants pour éviter les yeux pochés et les mâchoires cassées. Il édicte, l'année suivante, les premières règles de boxe. Acceptées par les *gentlemen* et les boxeurs, elles vont assurer la notoriété de son promoteur et le succès de la pratique jusqu'à ce que de nouvelles soient établies en 1838 (*Fistiana*, 1841). Ces *London Prize Ring Rules* témoignent d'une évolution décisive de la boxe à poings nus. Après une relative période de déclin, la fin du XVIIIe siècle enregistre une recrudescence de ces combats entraînant de nouvelles exigences. Les premières catégories de poids se mettent en place de manière informelle. Les méthodes d'entraînement se multiplient à travers la publication de nombreux manuels. Les paris, qui ont toujours existé depuis le début de cette pratique, se transforment ; de nombreuses et petites sommes sont en jeu à la place des quelques prix importants proposés par les *lords* et *gentlemen*. Enfin, les premiers clubs de boxe apparaissent en 1814. À la suite, des combats de démonstration avec gants (*sparring*) se développent, d'abord au *Fives Court*, puis au *Tennis Court* (1822-1826). Mais l'évolution politique, culturelle et sociale de l'Angleterre conduit à interdire ces combats. Pour les organiser, les managers se déplacent secrètement d'un comté à l'autre, mais aussi en France ou en Belgique. Malgré le soutien de quelques *gentlemen* et clubs qui organisent encore des combats à poings nus, la *Fancy* décline.

Profitant du développement du sport amateur prônant une éducation corporelle qui valorise le courage physique et les valeurs morales, une nouvelle réglementation est alors proposée en 1867 par le Marquis de Queensberry et le *sportman* John Graham Chambers. Ces règles, soutenues par l'Athletic Amateur Clubs, vont être progressivement et mondialement adoptées. Le port des gants et l'organisation des combats en rounds (Loudcher, 2006) en sont les plus notables. Envisagée comme pratique éducative par de nombreux pédagogues (Pierre de Coubertin), la boxe est rapidement dépassée par son développement professionnel aux États-Unis, en Australie et en Europe. La première institution internationale est alors créée par deux Français, Paul Rousseau et Frantz Reichel (Loudcher, Day, 2013), en 1913, mais sa suprématie mondiale est rapidement disputée par d'autres organismes anglais et américains (Sugden, 1996). Les enjeux financiers et politiques prennent le pas sur le développement sportif. La bataille des titres mondiaux fait rage dans les années 1960 et une dizaine de fédérations se partagent le droit d'organiser des championnats afin de bénéficier de confortables droits de retransmissions TV. Si quatre fédérations majeures (WBC, puis WBA, la WBO et IBF) régulent le circuit, l'organisation des combats est soumise à des règles qui sont relativement "fluctuantes". Certes, avant tout, la boxe est un moyen de reconnaissance sociale pour de nombreux boxeurs issus de minorités, qu'elles soient sociales (Georges Carpentier, Marcel Cerdan), raciales (Joe Louis, Muhamed Ali), ou bien sexuées (boxe féminine professionnelle dans les années 1990). Néanmoins, on peut se demander si la boxe de rue a un rôle identique.

III. DU COUP DE POING DANS LE PUGILAT AU COUP DE POING SPORTIF : ANALYSE TECHNIQUE

La description des techniques de frappe est essentielle à appréhender pour mesurer les différences entre ces pratiques. Toutefois, il importe de s'interroger sur la notion de "technique" en sport afin de pouvoir les comparer. Certes, la définition est complexe et mériterait une plus ample analyse (Loudcher, 2011 et 2014). Néanmoins, si l'on retient de Marcel Mauss la notion de technique corporelle, on peut dire avec Georges Vigarello que ce sont *les moyens corporels explicitement transmissibles mis en place pour atteindre le mieux possible un but donné* (Vigarello, 1986, p. 20). Même si cette définition est critiquable (vision à la fois restrictive et trop large de la technique), elle nous permet de repérer les coups et défenses qui participent à l'élaboration de la boxe, notamment dans son passage entre activité de combat à poings nus et discipline sportive moderne. En quoi ces techniques du corps sont-elles utilisées par les acteurs de la boxe de rue ? Cette dernière activité requiert-elle des techniques originales ? Bref, il s'agit d'envisager les éventuels transferts et de s'interroger sur les techniques corporelles "originelles".

Les premières techniques pugilistiques connues, appelées techniques informelles, remontent au XVIIIe siècle. La petite brochure écrite par John Godfrey en 1747 (Loudcher, 2006 *b*) évoque des coups plutôt frustes et plus ou moins directs sur le corps (« *English-blow* ») ainsi que sur le visage. L'utilisation du bras avant est privilégiée et le bras arrière sert plutôt à parer les coups adverses. Les cibles se limitent à l'estomac, au-dessous des oreilles ou entre les deux yeux. Ces techniques dénotent l'inexistence d'aspects tactiques et stratégiques très élaborés. Dès lors, les boxeurs ont parfois recours à des techniques appartenant à d'autres registres que pugilistiques pour gagner (croc-en-jambe, projections, étranglements ou coups vicieux).

C'est dans une période ultérieure que les techniques, appelées par ailleurs instrumentales (Loudcher, 2006), se développent. Entre 1780 et 1840, toutes les techniques pugilistiques modernes sont élaborées. Ainsi, le premier « *uppercut* » est rapporté dans un match, le 7 août 1804, entre Dutch Sam et Caleb Baldwin. Par ailleurs, ces techniques s'enrichissent d'une boxe de mouvement dont Joseph Mendoza serait un des initiateurs avec Edward Hunt et Stephen "Death" Oliver, James Belcher, Bill Richmond et Tom Cribb au début du XIXe siècle (Ford, 1971, pp. 121-122). Elles reçoivent alors des noms particuliers : le crochet est appelé « *chop-blow* » ou « *round-blow* ». Bien que les cibles soient peu différentes des précédentes, les consignes sont en revanche plus précises : il faut ainsi frapper sur une *ligne directe* car le temps est plus court que pour un *coup large* (*ibid.*, p 121). Enfin, puisque les techniques sont *transmises explicitement*, elles font l'objet d'un enseignement plus formalisé. Mendoza conseille de s'entraîner devant une glace ou bien de suivre les mouvements de son ombre projetée par l'effet d'une bougie disposée entre soi et le mur (Loudcher, 2006).

Une troisième phase de transformation technique a pu être identifiée avec la montée des sports anglais. Ces derniers se développent dans les Universités et les *Public Schools* car ils contribuent à l'éducation de la future élite. Dès lors, la boxe tient un rôle essentiel dans la formation corporelle puisqu'elle permet un engagement physique important et un affrontement régulé. Dans cette période qui s'étend du milieu du XIXe jusqu'à la Première Guerre mondiale, les techniques pugilistiques sont répertoriées et formalisées. Cependant, les déplacements sur le ring d'un point de vue tactique et stratégique sont toujours limités. C'est seulement en 1879 que le *side-step* (pas de côté) est enseigné et il faut attendre la fin du XIXe siècle pour que le *clinch* (corps-à-corps) et le *in-fighting* (combat à mi-distance) soient des phases répertoriées (Edgeworth, 1904). Mais ce sont surtout les conditions d'exécution de ces frappes qui sont au centre de ces préoccupations. Le *hook* (crochet) au corps est délivré après une *feinte rapide du gauche à la tête* (Mortane, Charlemont, 1911, p. 34). L'uppercut « *se donne sous la mâchoire, lorsque dans une attaque l'adversaire avance le menton et qu'après avoir paré, vous cherchez à rentrer* » (Mortane et Linville, 1908, p. 13).

L'invention de nouvelles techniques réside dans la nécessité d'exploiter l'affrontement dans toutes ses possibilités. Aussi les explications sont-elles de plus en plus "pédagogiques" afin de discerner les différentes utilisations des techniques. À partir du XXe siècle, les techniques sont représentées (au moins dans les livres français) le plus souvent par des photos prises à l'arrêt, dans le but de mimer une phase d'action donnée du combat (Leclerc, 1912). La transmission occupe une place centrale dans cette troisième phase technique. De plus, il semble que l'apprentissage par la pratique soit le plus répandu. Il faut boxer pour apprendre ! Tous les auteurs attestent de l'expérience fondamentale du ring pour être un bon pugiliste...

Par ailleurs, la recherche de la personnalisation des techniques montre bien le souci de différencier les manières de frapper avec les poings. William Lewis enseigne le *loop-the-loop* (phase de corps-à-corps), Kid Mac Coy “invente” le *cork-screw* (sorte de coup de poings en tire-bouchon destiné à brûler la peau), ou bien Robert Fitzimmons développe le *shift-punch* (coup délivré au plexus solaire) (Mortane, 1911).

Enfin, le dernier stade est celui des techniques sportives. Il y a, en effet, une évolution significative dans les années 1930. L’orientation des techniques corporelles est soumise à l’efficacité sportive dans le ring aussi bien dans l’attaque que dans la défense. On parle moins d’art de *self-défense* que de sport en lui-même. Pour Jean Auger (Auger, 1923), la description du direct du gauche est encore assez vague. Mais, selon Raphaël, « *la main droite protégera le visage pendant que, de son côté, le coude couvrira le creux de l’estomac de façon parfaite* » (Raphaël, 1931, p. 24). Après la Seconde Guerre mondiale, la rupture est consommée avec une boxe de *self-défense*. Le livre de Georges Blanchet (enseignant à l’École normale) le confirme. Il faut donner le coup « *en ramassant le menton sans contraction derrière la rondeur du deltoïde, ou encore derrière la main droite* », car, de cette façon, « *il n’y a de découvert que le flanc gauche* » (Blanchet, 1947, p. 67).

Ainsi, il est clair qu’une logique de transformation des techniques existe entre les *bareknuckles* (combats à poings nus anglais) et la boxe sportive. Toutefois, dans quelle mesure y a-t-il une relation avec la boxe de rue ?

IV. FILIATION DES COMBATS DE BOXE ANCIENS (*BAREKNUCKLES*) OU NOUVELLE PRATIQUE ?

S’il y a des relations importantes entre ces deux types de pratiques, il est difficile d’en faire une filiation linéaire car de nombreux enjeux et influences interviennent. Pour Loïc Wacquant (sous presse), les boxeurs professionnels refusent de s’engager dans les combats de rue car la législation américaine considère leurs armes comme des poings. Il faut donc qu’il y ait un minimum de cadre légal pour que ces boxeurs s’engagent, sinon ceux-ci sont invités à se battre sous d’autres cieux. Il n’est dès lors pas étonnant que la plupart de ces boxeurs de rue soient des marginaux.

Ainsi, il existerait une sorte d’héritage culturel des querelles entre Gitans et gens du voyage d’après certains commentaires entendus ou lus lors des visionnages des films. Plus spécifiquement, l’Irlande est une grande pourvoyeuse de ce genre de combats. Nous devons ainsi à un ami anglais la possession d’une cassette en retraçant certains dans les mêmes années sur les routes de Galway ou de Limerick. Certes, les raisons politiques et religieuses à l'égard de l'Angleterre ont traditionnellement conduit la boxe à être une des pratiques les plus populaires ainsi qu'en témoigne le film de Jim Sheridan sorti en 1997, *The Boxer*, avec Daniel Day Lewis. Mais comment expliquer que ces pratiques se développent de manière importante dans d'autres pays comme les États-Unis ou les pays latino-américains ? Plus encore, certains endroits particuliers comme les *docks* anglais voient aussi se mettre en place ces pratiques comme nous l'a confirmé un Français vivant en Angleterre, rencontré de manière fortuite lors d'un voyage à Londres en 1999.

Mais, plus que les origines culturelles ou "religieuses", ce sont les paris, notamment, qui semblent être un dénominateur commun à ces pratiques, bien qu'il soit difficile d'en faire une règle absolue. Un reportage sur *M6* diffusé le 26 septembre 2014 révèle une réelle activité de paris financiers lors de combats officieux. L'initiative, organisée dans les banlieues parisiennes par le rappeur Morsay, permet de réunir une somme de quelques milliers d'euros. Plus encore, dans certains combats (il semble que ce soit le cas dans les pays latino-américains), de véritables compétitions, voire des championnats officieux, existent.

Bien évidemment, la filiation technique semble être la plus importante entre boxe de rue et *bareknuckles* (littéralement « *poings nus* »). Les techniques sont peu différentes, comparées à celles des combats de boxe moderne utilisant les gants. On y note une grande variété technique avec de nombreux enchaînements de plusieurs coups. Toutefois, les corps à corps, si souvent utilisés en boxe anglaise (et souvent dénoncés pour manque de combativité), sont inexistants. La nécessité du spectacle et de la popularité s'impose-t-elle ? En tous les cas, la boxe en déplacement valorise ce genre de pratique et, pour certains combats, on peut noter une puissance impressionnante.

En réalité, une rupture opère avec les *bareknuckles* anciens. La comparaison avec la boxe de rue nous donne à voir des techniques différentes puisque, dans de nombreuses vidéos observées, tous les coups de la boxe anglaise sont délivrés. Il est vrai que les boxeurs du XVIIIe siècle font peu de combats (Broughton en a fait moins de dix) ; les sommes mises en jeu sont importantes et la peur de se faire mal (rupture du scaphoïde) est la hantise de tous les boxeurs. Le poids est aussi peut-être un argument intéressant à prendre en compte car la vélocité des coups, dans le cas des catégories moyennes, permet une plus grande variété.

On peut faire l'hypothèse d'une évolution de la technique dans la continuité de l'histoire de la pratique. Ainsi, le niveau actuel de la boxe résulterait de l'évolution technique de la boxe anglaise. Par ailleurs, le port de protections (mitaines, bandes…) limiterait les fractures et s'inscrirait dans une évolution de la boxe à poing nus.

Toutefois, il existe des éléments contradictoires à ces hypothèses. Ce niveau de puissance en boxe anglaise était présent dans les années 1945-1960 (que l'on songe aux combats de Marcel Cerdan contre Jake LaMotta notamment). En outre, de nombreuses vidéos montrent des boxeurs de rue sans protection. On peut donc supposer que cette boxe de rue a subi une évolution "récente" depuis une trentaine d'années. Si de nombreux combats se déroulent en espace ouvert, quelques-uns se produisent dans un ring témoignant d'une certaine sportivisation. Une certaine filiation est évidente entre la boxe sportive et la boxe de rue du point de vue des techniques. Mais leur utilisation ne dépend-t-elle pas, en outre, de la vidéo ?

V. LA BOXE DE RUE MODERNE ET L'INFLUENCE DE LA VIDÉO

Au départ de notre étude, deux hypothèses étaient posées. En premier lieu, nous avons émis l'idée que les vidéos opérant en plan fixe montraient souvent une utilisation restreinte, voire nulle, de règles dans les combats. En effet, il n'y a pas d'arbitre, l'espace n'est pas délimité et, en conséquence, les boxeurs sont de niveau inférieur ; les combats s'arrêtent d'eux-mêmes, sont stoppés par des personnes extérieures à l'échauffourée ou bien se terminent au sol dans une lutte qui ressemble à de la bagarre. À l'inverse, nous avons avancé l'idée que les vidéos basées essentiellement sur des plans en poursuite donnent à voir une boxe réglementée avec un arbitre présent et un espace délimité : les boxeurs sont généralement de bon niveau. Ainsi, la présence de la vidéo jouerait presque le rôle du troisième homme remplaçant l'arbitre sinon totalement, du moins en partie.

Il est clair que le rôle du *referee* est constitutif de l'évolution de la boxe et de sa transformation en pratique moderne. De son absence dans l'espace de combat, à la présence de deux personnes à la fin du XVIIIe siècle, puis d'une seule dans le ring soutenue par des juges disposés à l'extérieur, cette évolution caractérise particulièrement bien l'histoire de cette pratique ; elle met en évidence la possibilité d'une activité régulée permettant l'organisation de paris sportifs et son développement compétitif. Toutefois, avec la médiatisation croissante et l'importance grandissante de la vidéo, le rôle de ces arbitres n'est-il pas de moins en moins prégnant ? Ainsi, dans les grandes compétitions de football ou de rugby, l'arbitre attend très souvent le résultat de l'analyse des ralentis qu'on lui transmet avant de prendre sa décision. De même, et ce n'est pas nouveau, depuis l'utilisation massive de la photo dans les années 1960, il n'y a pas de compétition d'athlétisme qui ne soit filmée. Dès lors, n'observe-t-on pas un phénomène similaire dans les combats de boxe ? Certes, l'arbitre est toujours actif dans le ring, mais il ne donne plus la décision depuis longtemps et s'en remet au verdict des juges. La boxe de rue ne pousse-t-elle pas cette logique un peu plus loin, laissant alors le rôle de juges et d'arbitre à la mise en spectacle et à la médiatisation que souligne la présence des spectateurs ?

Après visionnement d'une trentaine de vidéos postées sur le *web* ou récupérées ici et là, on doit bien admettre que ces hypothèses ne sont pas toujours vraies. En réalité, il y a une place optimale pour la caméra selon l'arbitrage. On constate deux possibilités dans le cas où les plans sont fixes et lointains. Soit il n'y a pas d'arbitre, ni de ring, et alors le niveau est souvent faible : les affrontements se terminent, la plupart du temps, à terre ou bien ils sont stoppés par des tierces personnes, et les combats ressemblent alors plus à des combats de rue qu'à une réelle pratique pugilistique. Soit il y a un ring et un arbitre, et alors on a affaire à des combats de très bon niveau, voire, pour certains, de niveau professionnel. On n'a pas vraiment de différence avec la boxe moderne sportive.

En ce qui concerne l'utilisation de la caméra en poursuite, deux possibilités sont aussi notifiées. Lorsque les combats sont trop proches du caméraman et que le plan est fixé sur le haut du corps des protagonistes, la boxe est peu "conforme" et, la plupart du temps, les arbitres ont fort à faire pour séparer les deux combattants entre eux ainsi que les protéger de la foule. En effet, les risques de mouvements apparaissent, et de nombreuses irrégularités sont observées du fait de ce manque d'espace. Par contre, si la caméra est disposée en plan de plain-pied, alors souvent l'espace de déplacement est idéal et les arbitres interviennent peu. De plus, la foule n'est pas "massée" et respecte l'aire de combat. Enfin, le combat est habituellement d'un bon niveau. Mais, bien sûr, c'est parce qu'il y a un espace suffisant d'évolution que la caméra peut prendre du recul. Or, cet espace est déterminé par une organisation des rencontres qui suppose des gens investis, du fait des enjeux financiers que l'on peut supposer importants.

En réalité, ce n'est pas la caméra qui influe sur le niveau des boxeurs. C'est parce que le combat est organisé selon des normes qui avoisinent celles du combat de boxe sportive que cette caméra a une position déterminée : le niveau de boxe jouerait sur l'organisation matérielle des combats et donc la place de la caméra. Si une autre étude est à faire concernant cette organisation spécifique, il apparaît que cette place, dans le cas de la boxe sportive, est soumise à d'autres enjeux que le seul niveau des boxeurs. Elle est déterminée, avant tout, par des règles médiatiques et une qualité de retransmission plutôt que par le niveau des combats, bien que ce dernier élément rentre aussi en ligne de compte.

∴

Après avoir rappelé certaines logiques socio-historiques qui ont présidé à la mise en place de combats à poings nus régulés, sinon ritualisés, nous avons fait le point sur la mise en place du pugilat anglais afin d'envisager des filiations avec la boxe sportive et, éventuellement, la boxe de rue. Si les techniques sont différentes entre la *Fancy* et cette dernière pratique, il y a une forte incidence de la part de la boxe sportive, preuve s'il en était besoin que la sportivisation transforme bien les conditions "traditionnelles" d'une pratique et qu'il n'y a pas forcément de téléogenèse (parcours obligatoire à l'acquisition d'une technique déterminée représentant le but de l'évolution) dans l'apprentissage, et cela de quelque forme que ce soit.

Or, s'il y a bien rupture avec la pratique "originelle" pugilistique outre-Manche, comment néanmoins expliquer cet engouement depuis les années 1990 ? On peut, certes, évoquer un contexte "nouveau" de violence lié à une dérégulation de nos sociétés néolibérales ainsi que le montre l'augmentation des incivilités à l'école (Debarbieux, 1996), la montée des *Mixed Martials Arts* ou bien des films comme *Fight club*, *Girls fight* ou *Million dollars baby*. Plus encore, il y a une transformation de la violence qui devient plus collective et augmente donc sa portée (Lagrange, 2010). Enfin, il est un fait que la médiatisation participe à cette spectacularisation de la violence. Ainsi, les *Mixed Martial Arts* regroupent plus de onze millions d'*aficionados* et mettent même en scène une "violence" féminisée grâce à sa propre fédération, appelée *Invicta*. On peut comprendre que la vidéo joue un rôle de première importance dans les combats de boxe de rue. Et s'interroger sur la manière dont elle peut avoir une influence sur ses combats est un premier pas dans cette recherche.

L'aspect illégal de la pratique ne permet pas une étude exhaustive de l'objet. Notre analyse, limitée aux vidéos postées sur Internet ou à notre disposition par des biais divers, présente une limite que nous avons tenté de lever en précisant des hypothèses de type qualitatif, fonctionnant sur la base d'un modèle, éventuellement à contredire, et non pas à partir d'un recueil de données servant à en élaborer un.

Nous avons pu discuter de l'influence de la vidéo sur les combats de boxe à poings nus en observant quelques films qui nous ont confirmé que son rôle variait en fonction de l'organisation spatiale et réglementaire, l'une et l'autre étant corrélée. C'est donc finalement l'espace de combat (cadre délimité ou non par des cordes), puis la place de la vidéo (fixe, lointaine ou en poursuite, proche du combat) et enfin le cadrage (de plain-pied ou américain) qui nous offrent les clefs pour comprendre quels sont les enjeux possibles de ces combats : leur niveau en découle.

RÉFÉRENCES BIBLIOGRAPHIQUES

AUGER Jean (1923), *La Boxe anglaise,* Paris, Garnier.

BLANCHET Georges (1947), *Boxe et sports de combat en éducation physique*, Paris, Chiron.

CHARLEMONT Joseph, JEANNETTE Joe, FITZIMMONS Robert et LEWIS Willy (1911), *La Boxe,* Paris, Lafitte.

COMBEAU-MARIE Evelyne et RATSIMBAZAFY Ernest (2006), « Les techniques du Moraingy à Madagascar : diffusion et signification », *in* ROBÈNE Luc et LÉZIART Yves (sous la dir. de), *L'Homme en mouvement,* Paris, Chiron, vol. 1, pp. 165-182.

DEBARBIEUX Éric (1996), *La Violence en milieu scolaire*, Paris, ESF.

EDGEWORTH Johnston (1904) *Boxing*, Londres, Brones.

FLACOURT Étienne (de) (2007), *Histoire de la grande Île de Madagascar*, Paris, Khartala (1re éd. : 1658).

FORD John (1971), *Prizefighting, the Age of Regency Boximania*, Londres, Newton Abbot.

GROSPERRIN Maxime, LOUDCHER Jean-François et ACETI Monica (2014), « Le *Mixed Martial Art*, l'expression d'une nouvelle forme de culture masculine ? Le schéma éliasien en question à partir d'une étude de cas parisienne », *Nouvelles valeurs et nouvelles pratiques dans les APS*, Rennes, colloque AFRAPS, 11 mars.

KRÜGER Gundolf (1990), « Sport in the Context of Non-European Cultural Tradition. The Example of Hawaii », *in* MARSHALL CARTER John et KRÜGER Arnd (sous la dir. de), *Ritual and Record*, Londres, Greenwood Press, pp. 87-102.

LAGRANGE Hugues (2010) *Le Déni des cultures*, Paris, Seuil.

LECLERC Jean (1912), *Boxe anglaise et française*, Paris, Nilsson.

LOUBÈRE Simon de la (1715), *Description du Royaume de Siam par M. de la Loubère,* Toulouse, Lecamus.

LOUDCHER Jean-François (2006 *a*), « Boxes », *in* ANDRIEU Bernard (sous la dir. de), *Le Dictionnaire du corps,* Paris, CNRS, pp. 70-71.

LOUDCHER Jean-François (2006 *b*), « Penser les techniques du corps en STAPS : l'exemple de l'étude historique de la boxe anglaise », *in* ROBÈNE Luc et LÉZIART Yvon (sous la dir. de), *L'Homme…*, *op. cit.*, pp. 54-81.

LOUDCHER Jean-François (2008), « La sportivisation de la boxe anglaise. Étude temporelle des combats à poings nus (1743-1867) », *Science et motricité*, n° 65, septembre, pp. 93-106.

LOUDCHER Jean-François (2010 *a*), « Boxes », *in* ATTALI Michaël et SAINT-MARTIN Jean (sous la dir. de), *Dictionnaire culturel du sport*, Paris, Armand Colin, pp. 32-35.

LOUDCHER Jean-François (2010 *b*), « Aïkido », *in* ATTALI Michaël et SAINT-MARTIN Jean (sous la dir. de), *Dictionnaire…*, *op. cit.*, pp. 12-13.

LOUDCHER Jean-François (2011), « Limites et perspectives de la notion de Technique du Corps de Marcel Mauss dans le domaine du sport », *STAPS*, n° 91, février, pp. 10-27.

LOUDCHER Jean-François et DAY Dave (2013), « The International Boxing Union (1913–1946). A European Sports and/or Political Failure? », *The International Journal of the History of Sport*, vol. 30, n° 17, octobre, pp. 2016-2030.

LOUDCHER Jean-François et JUHLE Samuel (2010), « Karaté », *in* ATTALI Michaël et SAINT-MARTIN Jean (sous la dir. de), *Dictionnaire…*, *op. cit.*, pp. 87-88.

MISSION DE VALBOURG Henri (1719), *M. Misson's Memoirs and Observations in his Travel over England*, Londres, Browne.

MONNIN Éric et LOUDCHER Jean-François (2010), « Kendo », *in* ATTALI Michaël et SAINT-MARTIN Jean (sous la dir. de), *Dictionnaire…*, *op. cit.*, pp. 88-89.

MORTANE Jacques et LINVILLE André (1908), *La Boxe, traité pratique et complet*, Paris, Lafitte.

PARLEBAS Pierre (1981), *Contribution à un lexique commenté en sciences de l'action motrice*, Paris, INSEP.

RAMBA Dietrich (1990), « Recordmania in Sports in Ancient Greece and Rome », *in* MARSHALL CARTER John et KRUGER Arnd (sous la dir. de), *Ritual…*, *op. cit.*, Londres, Greenwood Press, pp. 31-39.

RAPHAËL André (1930), *La Boxe*, Paris, Nilsson.

SUGDEN John (1996), *Boxing and Society. An International Analysis,* Manchester, Manchester University Press.

VEYNE Paul (1987), « Olympie dans l'Antiquité », *Esprit,* n° 4, septembre, pp. 53-62.

VIGARELLO Georges (1986), « Les techniques corporelles et les transformations de leurs configurations », *STAPS,* vol. 7, n° 13, octobre, pp. 19-22.

WACQUANT Loïc (sous presse), « Les trois corps du boxeur », *Sciences sociales et sports*.

CHAPITRE 9

LE « *BOMBARDIER MAROCAIN* » : L'ART DE COMBAT DE MARCEL CERDAN, ENTRE LA *HALKA* ET LA BOXE MODERNE

Ahmed MORO*

« *Marcel attire les foules sur les terrains de football non parce qu'il est un boxeur fameux, mais parce qu'il est un footballeur de classe* » (Larbi Ben Barek, footballeur).

« *Cerdan, c'est l'Odyssée ; Homère, l'intrusion de la tragédie grecque dans l'art du duel* » (Jean Cocteau).

Portrait du « *Bombardier* »

Source : Site officiel *www.marcelcerdan.com.*

Une histoire encyclopédique de l'introduction du sport et des activités sportives dans les pays du Sud, notamment ceux qui ne connaissaient pas de traditions affirmées, permettrait d'éclairer le caractère novateur des pratiques modernes et le rapport indissociable avec le passé. Si beaucoup de sports de ballon (handball, basket, volley…) sont en grande partie étrangers aux sociétés du Sud, il n'en va pas de même pour les sports de lutte et de combat.

En Asie, en Afrique et ailleurs, des formes de combat existaient pour s'entraîner à la guerre mais aussi pour des raisons de compétition entre clans,

* Ingénieur de recherche, Université de Picardie.

tribus, quartiers et régions. Dans ce dernier cas, ces formes donnaient lieu à une organisation spectaculaire, même informelle, et suscitaient l'engouement.

En outre, dans le monde du sport, mais peut être plus qu'en d'autres domaines, les exploits foisonnent, créant des figures mythiques, voire des icônes. Dans l'histoire de la boxe, en France et au Maroc, Marcel Cerdan représente incontestablement une de ces figures. Ce ne sont pas ses relations avec cette autre figure mythique de la chanson française, Édith Piaf, qui expliquent sa consécration dans la mesure où ces relations se sont nouées alors qu'il était déjà au sommet de son art et commençait à connaître une renommée mondiale.

Né en 1916 à Sidi-Bel-Abbès, en Algérie sous domination française, il passe son enfance et sa jeunesse à Casablanca où sa famille s'installe à partir de 1922. Il est, par conséquent, un « *cazaoui* » pur sucre, comme on dit au Maroc. Fils d'une famille laborieuse, il est assez tôt attiré par le sport. Tenté dans un premier temps par le football dont la pratique lui fait rencontrer celui qui deviendra son ami, Larbi Ben Barek, surnommé « *la perle noire* », il opte finalement très tôt pour la boxe. Certains affirment que son premier combat se déroule à six ans au Cinéma *Majestic* de Casablanca. L'anecdote raconte que la récompense à la suite de sa première victoire était une paire d'espadrilles et une barre de chocolat.

Il livre son premier combat professionnel à 18 ans à Meknès, puis devient champion de France en 1938 et champion du monde en 1948 en battant Tony Zale. Défait par Jake LaMotta à Detroit, le 16 juin 1949, la revanche prévue pour décembre 1949 n'aura jamais lieu à cause de la fin tragique dans un accident d'avion au-dessus du Pacifique.

Dates marquantes et palmarès de Marcel Cerdan	
22 juillet 1916	Naissance de Marcel Cerdan à Sidi-Bel-Abbès
22 juillet 1937	Signature de son contrat avec son manager Lucien Roupp, le jour de sa majorité (21 ans)
21 février 1938	Championnat de France des mi-moyens (bat Omar Kouidri aux points, à Casablanca)
3 juin 1939	Championnat d'Europe des mi-moyens (bat Saverio Turiello aux points, à Milan)
30 septembre 1942	Championnat d'Europe des mi-moyens (bat Ferrer par abandon au 1er round)
27 janvier 1943	Marcel épouse Marinette Lopez
4 décembre 1943	Naissance de son premier fils, Marcel
19 février 1944	Vainqueur du Championnat Interalliés à Alger
16 décembre 1944	Vainqueur du Championnat Interalliés à Rome

1er avril 1945	Naissance de son deuxième fils, René
30 novembre 1945	Championnat de France des Moyens (bat Assane Diouf par K.O. au 3e round, à Paris)
7 juillet 1946	Cerdan assiste au spectacle d'Édith au Club des Cinq après son match contre Williams
2 février 1947	Championnat d'Europe des Moyens (bat Léon Fouquet par K.O. au 1er round, à Paris)
1er octobre 1947	Naissance de son troisième fils, Paul
Janvier à mars 1948	Édith chante au Versailles à New York. Début de leur relation
23 mai 1948	Championnat d'Europe des Moyens (perd contre Delannoit aux points au 12e round)
21 septembre 1948	Championnat du monde Moyens (bat Tony Zale par K.O. au 12e round à Jersey à City)
16 juin 1949	Championnat du monde Moyens (perd contre La Motta par abandon à la 10e reprise)
28 octobre 1949	Il disparaît dans le crash du Constellation FDA-ZN d'Air France qui s'écrase aux Açores

Cerdan fait donc partie de cette kyrielle de sportifs originaires des colonies et dont les représentations vont faire de lui le symbole de réussite de l'Empire. Durant l'entre-deux-guerres et, en particulier, pendant les années 1930 et 1940, trois personnages se détachent. Aux côtés de Cerdan (chrétien), figurent notamment Larbi Ben Barek (footballeur, musulman) et Alfred Nakache (nageur, d'origine juive). Ces figures sont généralement adulées et consacrées mais, en même temps, objets d'ambivalence dans l'inconscient populaire. C'est ce qui explique leur fortune différente. Cerdan va être considéré comme une figure intégrante de l'imaginaire français alors que les souvenirs des deux autres vont s'estomper progressivement jusqu'à la disparition.

Marcel Cerdan (troisième à partir de la droite de la première ligne et, à sa gauche, Larbi Ben Barek)

Source : Mongin2marrakech.canalblog.com.

Cependant, ce ne sont pas ces considérations sociales qui nous intéresseront ici mais plutôt les composantes techniques de son art pugilistique. Chaque boxeur est généralement caractérisé par l'importance de certains gestes et/ou par des attitudes qui lui confèrent un surnom. Chez Cerdan, les deux caractéristiques qui reviennent fréquemment sont celle d'un puncheur, avec un fameux « *doublet du droit* », et celle d'un « *boxeur complet* ». Ces caractéristiques expliquent-elles son surnom de « *bombardier* » ?

Nous nous proposons, malgré la difficulté de l'exercice, de croiser les points de vue de ceux qui l'ont côtoyé de près et qui ont pu décrire sa façon de combattre avec les éléments iconographiques et/ou audiovisuels disponibles. Nous décrivons brièvement les conditions d'introduction de la boxe au Maroc et les rapports étroits que celle-ci entretient avec la *halka* comme forme cardinale du spectacle dans la société marocaine.

∴

I. LA BOXE AU MAROC SOUS DOMINATION COLONIALE

Il faut dire que les Marocains ont entretenu avec la boxe un rapport très particulier. Dans la société traditionnelle, les sports de combat étaient relativement rares, même si certaines formes embryonnaires (*mousaraa*, ou *lutte bdrah*) s'apprenaient dès l'enfance avec des règles très précises. Les générations du début et du milieu du XXe siècle se souviennent encore de l'organisation de ce type de lutte entre adultes mais surtout entre enfants. Souvent, le combat opposait deux enfants du même âge, du même poids et de la même taille, chacun étant soutenu par un groupe qui l'encourage, formé de l'entourage familial, des amis proches ou des gens du quartier. L'objectif était de mettre à terre son adversaire sans donner de coups ni des pieds, ni des mains, ni de la tête. Ces formes ont disparu et ne restent que dans les souvenirs des générations d'écoliers des années 1950 et 1960 qui s'y adonnaient, notamment pour régler des différends ou pour s'affermir afin d'affronter la dureté de la vie surtout dans les quartiers populaires. Ces techniques s'apparentaient néanmoins à une forme de corps à corps et non à une lutte consistant à échanger des coups. En fait, les coups, y compris les coups de poing, étaient totalement prohibés.

On comprend dès lors pourquoi il y eut un engouement rapide pour la boxe, surtout dans les milieux populaires. Les anciens se souviennent qu'un type de tournoi particulier était incontournable dans le cadre du spectacle de la *halka* : celui de la boxe avec un seul gant. En effet, le manque de matériel et d'équipement faisait que ceux qui organisaient ce genre de combat ne disposaient que d'une paire de gang généralement assez usée et que, pour que le combat ait lieu, on donnait à chaque participant un seul gant.

Jamal Berraou *et al.*, dans un article publié en 2008 dans la *Gazette du Maroc* et consacré à la saga de la boxe marocaine, ont raison de rattacher le développement de la boxe dans ce pays au spectacle de la *halka*, *« lieu où conteurs, saltimbanques et artistes de tous genres s'assemblaient pour animer la cité »*.

Spectacle moderne inspiré de l'art de la *halka*

Source : Groupe acrobatique de Tanger, Anne-Myriam Abdelhak/Huffpost, Maroc.

Les auteurs ajoutent que la comparaison de la *halka* avec les fêtes foraines européennes est non pertinente dans la mesure où, dans la *halka*, on tenait à respecter les règles de la boxe : *« Elle mettait aux prises deux protagonistes du même âge et d'une corpulence comparable, la notion de catégorie était derrière. Les maîtres de la* Halka *n'avaient pas leur pareil pour galvaniser les boxeurs et intéresser le public. Qui sera le coq et qui sera la poule ? Toucher les prétendants dans leur virilité pour accentuer leur motivation. Tous les entraîneurs professionnels utilisent les mêmes subterfuges. À la fin des combats, l'accolade est imposée et le maître de la* halka *trouve toujours les mots réparateurs pour l'*ego *du vaincu »* (*ibid.*, p. 8). Par ces caractères, la boxe marocaine s'apparente beaucoup plus à la boxe américaine qu'à la boxe française.

Une rencontre de Georges Carpentier à Casablanca (1921)

Source : Site officiel *www.marcelcerdan.com.*

Plus tard, la boxe sera davantage organisée sous la forme de clubs de quartiers luttant les uns contre les autres pour la renommée. Ces clubs ont été autant de pépinières permettant aux enfants qui ont commencé à pratiquer dans la rue de rationaliser les techniques de combat et d'entraînement. La boxe, comme le football d'ailleurs, se caractérise d'abord par les vertus instinctives de l'endurance et de la spontanéité des origines, vient ensuite la rationalisation des compétitions.

C'est certainement dans ce contexte que Cerdan et des générations de boxeurs marocains ont grandi et ont réalisé leurs premiers exploits, les faisant connaître dans leur quartier d'abord avant de gagner une notoriété régionale, puis nationale et enfin internationale.

II. CERDAN, LE « *BOMBARDIER MAROCAIN* » : QUELQUES ÉLÉMENTS DE SA TECHNIQUE

Selon les spécialistes de la boxe, il est difficile de classer les styles des différents boxeurs, d'autant plus, que durant sa carrière, voire même pendant la même rencontre, un boxeur peut changer de style sans abandonner nécessairement son registre. Trois catégories sont identifiées par les professionnels. Sur le *NetBox.com*, on trouve, dans les fiches pratiques de boxe anglaise, les définitions des trois styles (physique, technique et tactique) de combattant établies par Alain Delmas (août 2007).

A. Le style physique

« *Très souvent, ce type d'athlète recherche la déstabilisation, le coup dur et donc la mise hors-combat de l'adversaire. On trouve : le fonceur (il avance constamment, bouscule et coince l'adversaire, etc.) ; le cogneur (il n'est pas avare en coups, travaille en crochets puissants, etc.) ; l'encaisseur (il combat ramassé, accepte de prendre des coups pour mieux en donner, etc.). Suivant le style, on le nomme : rouleau compresseur (*tank *ou démolisseur), matraqueur, roc.* »

B. Le style technique

« *Habituellement, ce genre d'athlète évite les prises de risque et cherche à marquer des points sans nécessairement une mise hors-combat de l'opposant. On trouve : le technicien, surnommé dans le jargon pugilistique, le styliste (il boxe souvent en coups longs, avec des mouvements de buste et de larges déplacements, etc.) ; l'artiste (la panoplie de ses techniques est très large, il cherche à placer des gestes inédits, de toute beauté, bref à faire de la dentelle). Suivant le style, on le nomme : esquiveur, dérobeur (fuyard), dévieur, etc.* »

C. Le style tactique

« *Chez ce type d'athlète, surnommé tacticien, le travail est construit et intelligent. Il s'adapte à son adversaire et exploite le travail adverse (il se sert de l'attaque et des fautes adverses). Il manœuvre et manipule à son gré l'adversaire. C'est un combattant qui, généralement, a un bon coup d'œil, un bon à-propos et un bon* timing. *Certains travaillent à l'instinct, d'autres sont plus calculateurs. Parmi ces derniers, nous avons deux catégories distinctes : les attentistes, et les manœuvriers. Chez les attentistes, nous trouvons : le riposteur (il laisse l'adversaire s'épuiser tout seul et répond aux offensives adverses au moment où l'adversaire ne s'y attend pas, lors des relâchements par exemple), le stoppeur (il neutralise l'avancée adverse et verrouille l'attaque qui se dessine pour l'utiliser dans un second temps), le contreur (il attend l'initiative adverse pour cueillir l'opposant dans la phase offensive) et le piégeur (il commande une attaque ou un comportement adverse afin de l'exploiter). Chez les manœuvriers, nous avons : le conducteur (il utilise tout un travail de pressing, de cadrage, de sape, d'appât, de point de pression, etc., pour amener l'opposant à un endroit précis du ring et le travailler), le feinteur (il utilise tout un travail de contre-information pour faire réagir l'opposant et découvrir des cibles). Parmi les outils, on peut citer, la fausse-attaque, l'attaque différée et la fixation de cible).* »

Dans quelle catégorie doit-on classer le style de boxe de Marcel Cerdan ? Certainement dans les trois, si l'on suit les avis de ceux qui ont observé et analysé ses combats.

Selon les déclarations de son entraîneur Maurice Rouff, citées dans le *NetBoxe.com*, tous ses succès s'expliquent aussi bien par ses qualités techniques qu'intellectuelles et morales : « *Sa garde parfaite et son intelligence à juger le style qu'il devait prendre par rapport à celui de son adversaire* [étaient remarquables] *; il avait une magnifique musculature, une puissance, un coup d'œil, une rapidité, une précision hors du commun. Il innovait avec des coups que personne n'avait jamais portés. Il touchait partout, sous tous les angles, dans n'importe quelle position (la sienne le lui permettait et cela, juste pour empêcher son adversaire de réfléchir). Puis, d'un seul coup, il voyait l'ouverture et le coup partait avec une vitesse fantastique, une puissance exceptionnelle.* »

Son style et ses qualités sont généralement attribuées à sa morphologie particulière et à la manière dont il faisait usage dans ses différents combats. Toujours selon Rouff, « *ce style était dû au bon écart de ses jambes, qu'il conservait à tout moment. Ses obliques, ce muscle puissant, faisaient qu'il pouvait faire partir son coup en souplesse et le faire revenir encore plus vite qu'il n'était parti : c'est ce qu'on appelle le punch. Il pouvait facilement tripler un crochet ou un uppercut du gauche. C'était un génie dans son art* ».

Il est vrai que lorsqu'on examine attentivement sa rencontre contre Zale, on assiste à la mise en application de l'ensemble de ces techniques qui préfigurent celles d'autres punchers contemporains. La garde de Cerdan n'est pas oblique comme c'était le cas de la majorité des boxeurs, mais quasiment ouverte et facile avec l'usage des deux poings. C'est ce qui lui permettait d'ailleurs de dédoubler les coups, en particulier du droit.

La définition de la boxe à la Cerdan est un exercice très difficile à réaliser : le boxeur réunit, à lui seul, toute la panoplie de la boxe ancienne et moderne. En effet, il était même le précurseur de la méthode à la Tyson basée sur la puissance, la vitesse, l'équilibre et le mouvement de la tête. On trouve chez Cerdan pratiquement toutes les techniques et les styles de différents boxeurs mondialement connus. Cerdan, d'abord footballeur, a pu exploiter son art footballistique sur le ring pour être tout simplement différent des autres combattants.

Cerdan *bombardier marocain*, parce que tout le monde s'accorde à dire qu'il a des missiles à la place des bras et qu'il envoie des bombes aux visages de ses adversaires. Le résultat est qu'il gagne presque à tous les coups.

Une cartographie des styles pourra résumer en partie le surnom de *bombardier* :

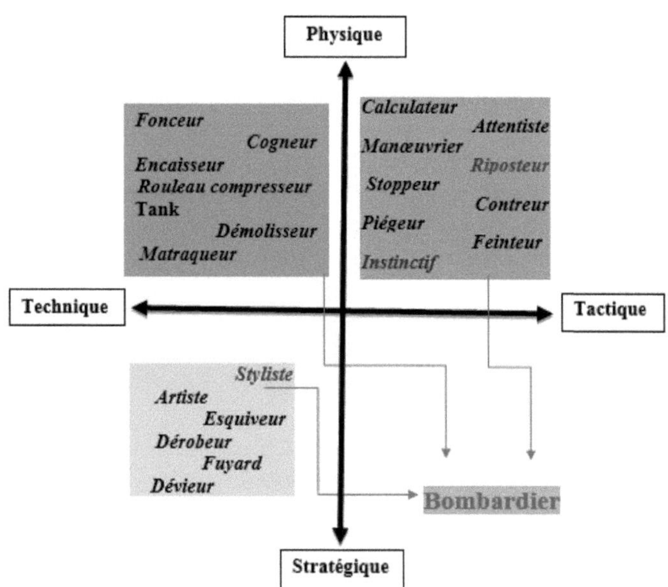

Rencontre contre Tony Zale
(Roosevelt stadium, Jersey City, 21 semptembre 1948)

Source : Keystone/Marcelcerdan.com.

Dans le site officiel de Cerdan, Dumb Dan Morgan déclare, de son côté, que Cerdan est l'un des rares boxeurs complets : « *Par boxeur complet, j'entends celui qui excelle en tout -vitesse d'exécution, art de la boxe pure, résistance aux coups et puissance des deux mains. Cerdan est un boxeur de combinaison, capable de lancer en succession rapide une série de quatre ou cinq coups aussi puissants les uns que les autres, frappant tous des objectifs différents, choisis avant le déclenchement de la série. Par exemple : gauche au menton, droit au rein ; gauche au foie, droit au menton. Chacun de ses coups secouait l'adversaire parce que Cerdan était un puncheur redoutable.* »

Marcel Cerdan contre Laverne Roach
(Madison Square Garden, New York, 12 mars 1948)

Source : http://boxrec.com.

Marcel Cerdan *vs* Lucien Krawczyk (Casablanca, 7 mai 1949)

Source : Cerdan intime.com.

Une autre caractéristique justifie le surnom de *bombardier marocain* car, dès le coup de gong, Cerdan était en action et frappait sans arrêt, sous tous les angles, sans laisser à son adversaire une chance de s'en sortir. Il gagna 60 % de ces combats de cette manière.

∴

Cerdan est l'exemple archétypique de ces gamins des quartiers populaires qui ont pu, par leur travail acharné et des ambitions de renommée, se hisser au niveau mondial de leur discipline. Il a passé son enfance dans un pays et dans une ville où la boxe est arrivée avec la colonisation et aurait dû rester confinée dans les sphères des élites coloniales. Or, on assiste à tout le contraire. D'abord dans la *halka*, cet art de combat nouveau est apprivoisé et combiné aux techniques de spectacle typique des centres urbains du Maroc, puis les quartiers populaires s'en emparent pour le développer dans le cadre de clubs qui seront à l'origine de générations successives de brillants combattants.

Une des pistes les plus intéressantes serait d'ouvrir des réflexions sur les rapports étroits entre la genèse de la boxe au Maroc et les techniques de spectacle traditionnel. Les combinaisons entre la rationalité d'un art de combat moderne et les traits, faits d'instincts et de simulacres, de divertissements permettraient de comprendre les composantes spécifiques du boxeur marocain pendant la période de l'entre-deux-guerres. C'est dans ces combinaisons qu'on trouvera les réponses non seulement techniques mais aussi morales et psychologiques qui ont fait de Cerdan le « *bombardier marocain* » lequel –par la cruauté du destin –a connu une fin tragique dans un accident d'avion.

RÉFÉRENCES BIBLIOGRAPHIQUES

BERRAOU Jamal, EL AZIZI Abdelatif et ADIL Habib (2008), « La saga de la boxe marocaine », *La Gazette du Maroc*, 13 juin, p. 4.

CANGIONI Pierre (2000), La Légende de la boxe, Paris, Minerva.

CERDAN Marcel (fils) et DURIEUX Gilles (2000), *Piaf et moi*, Paris, Flammarion.

LOISEAU Jean-Claude (1989), *Marcel Cerdan*, Paris, Flammarion.

MARGOT Olivier (1987), *La Légende de Cerdan*, Paris, Rageot.

STANISLAS Frenkiel (2008), « Larbi Ben Barek, Marcel Cerdan et Alfred Nakache : icônes de l'utopie impériale dans la presse métropolitaine (1936-1944) ? », *Staps*, n° 80, printemps, pp. 99-113.

CHAPITRE 10

FULL-CONTACT POUR LES DÉFICIENTS VISUELS : LE JOUR OÙ L'OBSCURITÉ PERMANENTE DES AUTRES M'A PERMIS D'Y VOIR PLUS CLAIR

Médéric CHAPITAUX*

La pratique sportive a toujours facilité la mise en exergue de parcours individuels insolites. Cet état de fait résulte de nombreux facteurs engendrés, le plus souvent, par un rêve, une idée ou un fait divers. C'est dans l'adversité que nous découvrons nos réelles possibilités et que nous progressons. Le handicap physique invite celles et ceux qui sont touchés à tenter de croire que les rêves restent accessibles, à la condition de s'en donner les moyens et que la société facilite cette perspective.

Le handicap visuel est une source d'incompréhension pédagogique du fait de l'importance donnée, par le milieu sportif, à la vue. De l'analyse de la technique à la lecture des paramètres physiques et physiologiques en passant par l'inusable pédagogie de la démonstration, la vision est omnipotente. Ce constat n'empêche heureusement pas le développement d'initiatives pédagogiques et sportives à l'attention de ces déficients. Nous proposerons, ici, une démarche visant à initier des personnes atteintes de ce type de handicap au *full-contact*, discipline pugilistique faisant partie des boxes pieds-poings.

∴

I. LA SITUATION DU HANDICAP VISUEL À TRAVERS LE MONDE

Avant de décrire l'action pédagogique, il convient de revenir sur les caractéristiques de ce public si spécifique et de repérer les enjeux des interventions à venir.

La définition française de la malvoyance, sur le plan légal, décrit des individus dont l'acuité visuelle du meilleur œil, après correction, est comprise entre 4/10 et 1/20, ou dont le champ visuel est inférieur à 20° pour chaque œil. Sont considérées comme atteintes de cécité les personnes dont cette acuité,

* Professeur de sport, en disponibilité. Doctorant à l'Université de Toulouse III.

dans les mêmes conditions que précédemment, est inférieure ou égale à 1/20 ou dont le champ visuel est inférieur de 10° pour chaque œil.

Tableau 1 : Classement des déficiences visuelles

Catégorie OMS	Conditions sur l'acuité visuelle	Type d'atteinte visuelle	Type de déficience visuelle	En France
Catégorie I	Acuité visuelle corrigée binoculaire < 3/10 et > ou = à 1/10 avec un champ visuel d'au moins 20 degrés	Basse vision ou malvoyance	Déficience moyenne	Malvoyance
Catégorie II	Acuité visuelle corrigée binoculaire < 1/10 et > ou = à 1/20		Déficience sévère	
Catégorie III	Acuité visuelle corrigée < 1/20 et > ou = à 1/50 avec un champ visuel < à 10 degrés mais > à 5 degrés	Cécité	Déficience profonde	
Catégorie IV	Acuité visuelle < à 1/50 mais perception lumineuse préservée ou champ visuel < à 5 degrés		Déficience presque totale	Cécité
Catégorie V	Cécité absolue, absence de perception lumineuse		Déficience totale	

Sources : Organisation mondiale de la santé et Rapport Montagné (2008).

Précisons que la classification française ne reconnaît la cécité que pour les catégories 4 et 5, alors que l'Organisation mondiale de la santé reconnait ce handicap à partir de la catégorie 3. Les études de 2002 (il n'y en a guère de disponibles depuis) démontrent qu'il y a plus de 161 millions de personnes atteintes de déficiences visuelles dans le monde. 77 % sont atteintes d'une baisse de la vision, 23 % de cécité. Mais les spécialistes précisent que ces chiffres ne tiennent pas compte des déficiences dues à un défaut de réfraction (Tableau 2).

Excepté dans les pays les plus avancés, la cataracte reste la première cause de cécité dans toutes les régions du monde. Associée à l'âge, c'est une cause plus importante encore de baisse de la vision. Les études de l'OMS, dont proviennent ces données, précisent également que pour un aveugle dans le monde, on compte 3,4 malvoyants en moyenne et que la fourchette peut osciller entre 2,4 et 5,5 en fonction des pays et régions. Les femmes sont bien plus exposées que les hommes face à cette atteinte et les pays en développement enregistrent 90 %des cas.

Dans l'Hexagone, on estime à environ un million la population atteinte de déficiences visuelles dont 77 000 sont aveugles (Montagne, 2007) alors qu'une étude de l'INSEE (Mormiche, 2000) faisait apparaître plus de trois millions de personnes se déclarant atteintes d'une de ces déficiences, 55 000 étant touchées par la cécité. Cet écart conséquent entre les deux études démontre la difficulté du recensement de ce public.

Une fois ces éléments contextuels posés, il nous appartient de prendre en compte ces facteurs pour élaborer une démarche pédagogique permettant la pratique d'activités pugilistiques par ce public.

II. UN TEXTE NORMATIF ET RESTRICTIF QUI ANNIHILE TOUTE APPROCHE PÉDAGOGIQUE

Durant de nombreuses années, la pratique des sports de "combat de percussion" n'a pas été exploitée avec les déficients visuels, afin de protéger leur intégrité physique : il ne fallait pas aggraver la pathologie dont ils étaient atteints. La lecture médicale de cette pratique sportive, qui découle de cette analyse, ne semble liée qu'au principe de précaution, qui vise les risques probables non encore confirmés scientifiquement, mais dont la possibilité peut être identifiée à partir des connaissances empiriques et scientifiques. Cet aspect restrictif, pour ne pas dire simpliste, de la vision de ces activités de percussion a eu pour effet de "diaboliser" ces disciplines et de priver les publics qui nous intéressent ici du potentiel qu'elles offraient pour le développement de l'équilibre, de la proprioception et de l'autonomie notamment.

La littérature scientifique et spécifique sur cette thématique se résume à de très brèves approches sans que de réelles études aient été proposées. Au contraire, un document publié en janvier 1999 par le collectif des enseignants d'EPS d'établissements spécialisés pour jeunes déficients visuels précise que *« la boxe éducative est impossible à pratiquer pour les déficients visuels »*, et par extension l'ensemble des activités pugilistiques. Ce texte est repris dans la plupart des études sur la pratique des activités physiques et sportives des déficients visuels, sans pour autant être soutenu par des études scientifiques et/ou empiriques justifiant cette posture normative.

Mais cette carence ne doit en aucun cas limiter les tentatives de développement d'une démarche pédagogique adaptée. La synergie entre les activités physiques adaptées et le *full-contact* devient donc réalisable dès

Tableau 2 : Estimation mondiale des atteintes visuelles par région OMS (en millions), 2002

	Région africaine	Région des Amériques	Région de la Méditerranée orientale	Région européenne	Région de l'Asie du Sud-est	Région du Pacifique occidental	Total
Population	672,2	852,6	502,8	877,9	1590,80	1717,50	6213,90
Nombre d'aveugles	6,8	2,4	4	2,7	11,6	9,3	36,9
% sur le nombre total d'aveugles	18 %	7 %	11 %	7 %	32 %	25 %	100 %
Nombre de malvoyants	20	13,1	12,4	12,8	33,5	32,5	124,3
Nombre de déficients visuels	26,8	15,5	16,5	15,5	45,1	41,8	161,2

lors que l'on a analysé leurs caractéristiques respectives. Comment dire d'un sport qu'il est impossible à pratiquer sans en avoir testé les potentialités ? La réponse médicale n'est-elle pas un subterfuge dissimulant l'ignorance ou l'incompétence “technique” des auteurs de ce “texte légitime” ?

L'expérience décrite ici n'a pas vocation à imposer une autre vision sectaire mais plutôt à rappeler aux éducateurs sportifs, au sens large du terme, que la pédagogie est une pratique qui ouvre le chemin des possibles à celles et ceux qui acceptent la remise en question de leurs certitudes.

On peut considérer que la notion d'“extrême”, trop souvent associée aux activités pugilistiques, commence au moment où, par un texte, une discipline est remise en cause. C'est par ce refus d'“autorité” que va naître la possibilité de faire pratiquer la boxe pieds-poings aux déficients visuels. Le rôle d'un éducateur, d'un entraîneur ou de toute autre personne ayant à développer des compétences lors d'un face-à-face pédagogique consiste dans la remise en cause de la légitimité de son action antérieure. Dans le cas contraire, le pédagogue ne serait perçu que sous l'angle d'un système robotique reproduisant sans cesse un mode de transmission connu et éprouvé sans que l'expérience des situations n'ait eu quelque influence que ce soit sur son fonctionnement. Néanmoins, nous savons que chaque personne a des caractéristiques qui lui sont propres et il convient d'accepter que la pédagogie puisse s'adapter à cette réalité : ainsi, le paradigme constitué par le rapprochement du sport et de la santé prend tout son sens dans la pratique sportive des personnes en situation de handicap.

Il nous appartient à présent de prendre en compte ces facteurs pour élaborer une démarche appropriée permettant la pratique de ces activités pugilistiques.

III. QUAND LE SON REMPLACE LA VISION : LA CRÉATION D'OUTILS PERMETTANT LE REPÉRAGE SPATIO-INFORMATIONNEL

Force est de constater que la vision occupe une place prépondérante dans la vie de tous les jours. Il en est de même de nos interactions pédagogiques avec les différents acteurs que nous sommes amenés à rencontrer. Une des qualités essentielles du pédagogue réside dans sa capacité d'adaptation aux différentes situations et c'est tout l'enjeu d'un face-à-face pédagogique avec un déficient visuel. Tous les entraîneurs pugilistiques connaissent les pattes d'ours car elles permettent de donner la leçon aux combattants. Néanmoins, cet outil est trop souvent réservé aux combattants confirmés, du fait de la relation privilégiée qu'il induit avec le professeur : la leçon est nécessairement individuelle. Sur le plan technique, cet outil permet de faire travailler différentes composantes indispensables à une préparation de combat comme une autre conception de l'action. En effet, l'entraîné définit sa stratégie en fonction des cibles et des actions proposées par l'entraîneur. Il est placé dans une situation qui sollicite l'ensemble des sens. Il peut ainsi développer une stratégie en acte et la faire évoluer en fonction de la situation. Il en est de même pour l'entraîneur, ce qui rend l'exercice particulièrement intéressant.

En reprenant ces pattes d'ours et en y associant des clochettes émettant des sons différents à gauche et à droite, l'outil pédagogique spécifique permet à l'éducateur de proposer des cibles (plaques sonores) qui serviront de repères spatio-informationnels au déficient visuel, ce qui facilitera la localisation de la zone de frappe souhaitée. Il se présente de la manière suivant :

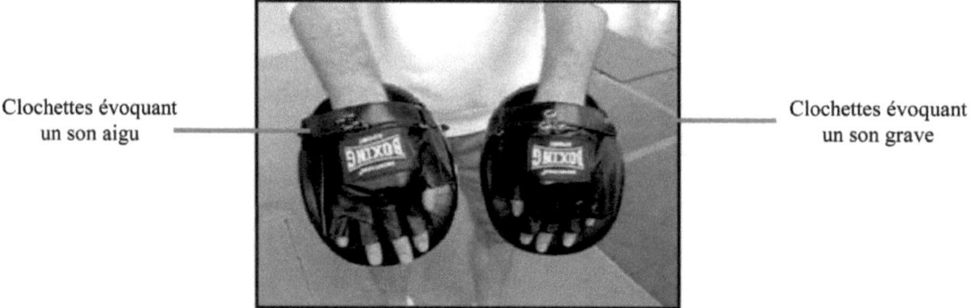

Il est évident que l'on gardera toujours la même disposition des clochettes sur les plaques. En effet, le déficient visuel assimilera très rapidement la latéralisation des sons émis et l'éducateur ne devra plus en changer afin de garantir une continuité et une cohérence dans les objectifs pédagogiques.

Le test réel est réalisé, après deux jours de réflexion et de tentatives les yeux bandés, avec huit déficients visuels, dont un kinésithérapeute de 80 ans... Les résultats de cette initiative sont éloquents et, après avoir filmé les malvoyants en situation ce jour-là, il est devenu évident qu'il fallait explorer plus en avant ces résultats.

IV. DE LA LEÇON À LA DÉMONSTRATION

La difficulté des disciplines de percussion réside, entre autres, dans la résolution du problème affectif, sachant qu'il est encore plus présent chez les déficients visuels. Il n'est pas naturel d'accepter d'échanger des coups et donc de mettre en danger son intégrité physique. La relation entraîneur/entraîné est capitale. Comme expliqué précédemment, le problème de la perception des cibles doit être résolu par la mise en place des plaques sonores.

Ce facteur spatio-informationnel, permettant de mobiliser les qualités de perception (auditives) et de proprioception, devient une priorité pédagogique afin de garantir un développement homogène de ces facultés. Une fois l'assimilation des fonds sonores acquise, nous codifions les membres de la manière suivante : bras gauche (1) ; bras droit (2) ; jambe gauche (3) ; jambe droite (4).

Il est important de préciser que la cible sonore correspondant au côté gauche sera toujours la même afin de ne pas perturber les déficients visuels lors d'enchaînements plus complexes. Le lexique spécifique interviendra dès les premières séances "à thème" afin de permettre une interprétation des techniques demandées (exemple : crochet dans la séance à trajectoires circulaires).

Cette tri-codification (cibles sonores/chiffre/lexique) est un moyen d'établir une communication spécifique à l'activité. Ce dispositif pédagogique facilite la découverte des enchaînements de "base" en associant les techniques rectilignes et circulaires sur les différents plans. Ces deux grandes thématiques nous permettent de "démystifier" l'activité, de commencer l'apprentissage des techniques et du lexique.

La parfaite connaissance du degré de difficulté des enchaînements demandés est primordiale, ceci afin d'éviter des situations d'échec néfastes au développement technique du sportif. Pourtant, il n'est pas question de rechercher la facilité car le déficient visuel est un sportif comme les autres, il a besoin de défis.

La facilité déconcertante avec laquelle les deux premiers aveugles ont assimilé ces enchaînements nous laisse perplexe. Mais, si la probabilité d'avoir deux "extra-terrestres" est infime, il est décidé de tester cette démarche sur un plus grand nombre de personnes déficientes visuelles. Non seulement, les résultats sont identiques au plan technique mais ces boxeurs semblent progresser beaucoup plus vite que les licenciés valides avec le même niveau initial.

Alors que plusieurs aveugles s'entraînent dorénavant dans différentes salles de *full-contact*, l'un d'entre eux a participé à une compétition de *« no contact »* qui consiste en un duel technique entre deux compétiteurs au cours duquel la touche est interdite. Les aveugles ont intégré le paysage culturel et sportif des activités pugilistiques tout en contestant une normalisation prescriptive précautionneuse de pratique sportive.

V. LE HANDICAP, UN COMBAT DE TOUS LES JOURS : UNE DUALITÉ COMPLEXE

Par définition, la vie d'une personne handicapée est un combat de tous les instants contre les autres, les infrastructures inadaptées, la vie... Alors, au final, pourquoi pas le *full-contact* ? Au départ, la pratique de ce sport révèle du défi pour les valides alors que, pour une personne handicapée, le "défi" suppose avant tout de surmonter sa situation de handicap.

Après une phase de découverte de la discipline, vient la période de l'apprentissage, puis celle du perfectionnement, voire de la compétition, comme nous l'avons mentionné. Cette progression est parfaitement identique à celle de tous les licenciés pratiquant une activité physique et sportive. Les ambitions des uns et des autres étant similaires, l'éducateur doit prendre en compte les caractéristiques de chacun afin de proposer une évolution individualisée : la personne handicapée, puisqu'elle souhaite s'intégrer, ne désire pas de traitement de faveur, mais bien une prise en compte individualisée.

Prenons l'exemple d'un pratiquant et suivons son évolution dans la pratique pugilistique. Valentin Escalier est déficient visuel suite à un accident domestique à l'âge de 38 ans ; il est venu au *full-contact* par le biais d'un des projets évoqués ci-dessus. C'est l'association de déficients visuels dans laquelle il était membre qui l'a envoyé découvrir la discipline, car il en était le plus jeune. Il est venu "en marche arrière" comme il se plaît à le dire souvent mais il n'est plus reparti. Ses progrès ont été fulgurants et il est devenu un "ambassadeur" de la pratique du *full-contact* pour les déficients visuels. Il s'entraîne une à deux fois par semaine depuis plusieurs années qui l'ont conduit à réaliser une démonstration lors du festival des arts martiaux à Paris-Bercy le 24 mars 2012, spectacle diffusé dans plus de 100 pays à travers le monde. De la première séance à un niveau moyen, on remarque l'évolution technique de Valentin en seulement quelques mois :

Parallèlement au développement de la pratique, il a passé son premier niveau d'entraîneur et participé aux actions pédagogiques les plus innovantes. Toutes ces actions ont fait l'objet d'un documentaire diffusé sur *France Télévision* mettant en exergue l'atypisme du parcours de ce sportif atteint de déficience visuelle (voir *Le Boxeur aux yeux fermés*, réalisé par Pierre Lane, Alliage Production, 2012).

La plus marquante de ces interventions pédagogiques est récente : Valentin s'est rendu dans un Centre éducatif fermé (CEF) de la Protection judiciaire de la jeunesse (PJJ) pour initier des adolescents placés sous mandat de justice, le plus souvent pour des faits de violence, à la pratique du *full-contact*. Il s'agit de sensibiliser ces "gamins" déstructurés à d'autres situations désocialisantes (le handicap) sans qu'elles soient insurmontables.

Après une démonstration de ses aptitudes techniques, Valentin a dirigé une séance de *full-contact* auprès de six jeunes qui étaient placés en situation soit de "valide", soit de handicap visuel. À l'issue de cet entraînement, de nombreux échanges entre les participants ont permis aux éducateurs présents d'utiliser ce média éducatif et l'originalité de la situation pour travailler sur les valeurs telles que le respect, le courage, la volonté, la tolérance ou tout simplement la connaissance du handicap et sa place dans notre société.

En retraçant le parcours sportif de Valentin, nous constatons une évolution linéaire, qui se traduit par une découverte de la discipline, de l'entraînement jusqu'à la participation à une compétition, puis à l'envie de transmettre sa connaissance du handicap par ce sport. Le rôle de l'éducateur n'a été que d'accompagner Valentin dans son parcours en gardant toujours à l'esprit qu'on ne peut améliorer les compétences qu'en unissant nos différences.

Malheureusement, le texte de janvier 1999 se résume, comme je l'ai indiqué précédemment, à une normalisation prescriptive précautionneuse, basée sur une approche unilatérale fondée uniquement sur l'aspect médical : il ne prend pas en compte les aspects multifactoriels de chaque discipline et les potentialités qui peuvent en découler.

VI. LE *FULL-CONTACT* POUR LES DÉFICIENTS VISUELS : QUELLES PERSPECTIVES ESPÉRER ?

D'un point de vue rationnel, l'association du *full-contact* et des déficients visuels paraît antinomique alors que les perspectives sont nombreuses. La pratique de l'activité va permettre de solliciter les qualités perceptives du sportif déficient visuel, de mieux appréhender son schéma corporel et donc de repousser la déficience dont il est atteint par un travail spécifique et ludique.

Dans le cadre d'une prise en charge post-cécité (rééducation/réadaptation), l'activité va faciliter le travail de la confiance en soi, la proprioception, l'équilibre statique et dynamique, etc. Bien évidemment, les perspectives en matière médicale vont être différentes en fonction de l'origine du praticien.

Les ophtalmologistes seront sensibles à la possibilité de repousser la dégénérescence maculaire liée à l'âge (DMLA) par exemple, alors que les kinésithérapeutes vont chercher à définir des protocoles de rééducation prenant en compte les exigences de l'activité, notamment dans le cadre de cécité post-traumatique liée à un accident, quand le sujet a déjà eu l'usage de la vision. Sur cet aspect, le *full-contact* peut s'avérer un formidable outil pédagogique réadaptant pour le travail proprioceptif et la réappropriation du schéma corporel "en acte". Comme le précise d'ailleurs fort bien le docteur Laurent Subiger, « *l'expérience pourrait bien permettre des avancées sur le plan strictement médical, et notamment au sujet du système nerveux : on connaît bien l'audition, la vision mais la proprioception est moins connue* » (Chapitaux, 2008, p. 33).

Sur le plan socio-sportif, les facilités d'apprentissage des déficients visuels démontrent que l'importance des qualités visio-proprioceptives a été surévaluée ces dernières années. En effet, ces déficients ont fait preuve d'une adaptabilité technique déconcertante pour bon nombre d'entraîneurs mis en situation de leçon avec eux. Les défis représentés par les difficultés proposées ont été relevés plus rapidement qu'avec notre public traditionnel, et on peut souligner l'importance du facteur cognitif dans le processus d'apprentissage. Du fait du rôle clé joué par la concentration nécessaire aux "non-voyants", les capacités cognitives sont très sollicitées et peuvent éventuellement expliquer cette facilité d'apprentissage. Cette piste rejoint d'ailleurs les conclusions d'une étude scientifique menée par Mathieu Simonet sur la représentation spatiale non visuelle lors d'une régate sonore avec les non-voyants (Simonet, 2004).

D'un point de vue compétitif, la pratique "artistique" peut se révéler être un vecteur socialisant par la reconnaissance qu'elle engendre auprès des autres sportifs. L'entraînement en club "normal" permet surtout une réadaptation à la vie de tous les jours tout en évitant un "communautarisme désocialisant".

∴

Le "handicap" est une notion très utilisée par les entraîneurs, surtout en milieu sportif, car il implique une réflexion sur le fait d'"être capable autrement". Dans toutes les formes d'apprentissage, l'éducateur mobilise des artefacts auprès de son public pour le mettre en difficulté situationnelle et ainsi mesurer son adaptabilité face à ce handicap. C'est une manière pédagogique de sensibiliser à l'ouverture des possibles et donc à la complexité propre à chaque situation. Celle-ci nous rappelle que nous sommes tous handicapés face à une situation que nous ne maîtrisons pas. Mais un texte normatif doit-il être une réponse ? Les déficients visuels ont, quant à eux et une fois de plus, montré leur adaptabilité alors que le *coach* a su accompagner les élèves dans la progressivité pédagogique qu'il avait programmée.

RÉFÉRENCES BIBLIOGRAPHIQUES

CARAYON Christophe (2002), *Basse vision et handisport*, communication au Congrès ARIBa (Nantes, novembre).

CHALLE Georges (2002), *Les Pratiques sportives des personnes handicapées visuelles*, communication au Congrès ARIBa (Nantes, novembre).

CHAPITAUX Médéric (2008), *Le* Full-contact *comme moyen de réadaptation des déficients visuels*, mémoire de Master STAPS, université de Franche-Comté.

COLLECTIF DES ENSEIGNANTS D'EPS D'ÉTABLISSEMENTS SPÉCIALISÉS POUR JEUNES DÉFICIENTS VISUELS (1999), *Les Activités physiques et sportives des jeunes déficients visuels*, Paris.

DE POTTER Jean-Claude (2006), *Contribution de l'activité physique et sportive au bien être des déficients visuels*, Unité de recherche en Activités physiques adaptées, Université libre de Bruxelles.

HANDISCOL' (2004), *Guide pour les enseignants qui accueillent un élève présentant une déficience visuelle*, Paris, ministère de l'Éducation nationale, de l'Enseignement supérieur et de la Recherche.

MONTAGNÉ Gilbert (2008), *Rapport sur l'Intégration des personnes malvoyantes et aveugles à la vie de la cité*, Paris, ministère du Travail, des Relations sociales et de la Solidarité.

MORMICHE Pierre (2000), « Le Handicap se conjugue au pluriel », *INSEE PREMIÈRE*, n° 742, octobre.

ORGANISATION MONDIALE DE LA SANTÉ (2002), *Ampleur et causes des déficiences visuelles*, Genève.

ROUSSEU Christelle et CREMIEUX Jacques (2005), *Perception de l'orientation visuelle chez des experts en taekwondo*, Rapport de recherche, UFR STAPS, Université de Toulon-Var.

SIMONET Mathieu (2004), *La Construction d'une représentation spatiale non visuelle. Une étude sur la régate sonore de marins non voyants*, mémoire de DEA en STAPS, Université de Bretagne.

CHAPITRE 11

PREMIER GALA DE MMA EN FRANCE : SA DIFFUSION AURAIT-ELLE PU ÊTRE AUTORISÉE PAR LE CSA ?

Médéric CHAPITAUX*

Le *Mixed Martial Arts* ou MMA continue de défrayer la chronique alors même que les fondements réglementaires chargés d'encadrer la pratique sur le territoire sont fragiles. Du ministère en charge des sports aux passionnés en passant par le Conseil supérieur de l'audiovisuel (CSA), le manque de discernement juridique en la matière conduit à des postures discutables et le plus souvent illégales. Positionner le MMA dans la réflexion administrative, juridique et sportive est un préalable incontournable à la compréhension des enjeux inhérents à l'émergence de la discipline.

∴

I. *MIXED MARTIAL ARTS*, QUE DIT LE DROIT ?

La France est un pays où les libertés sont encadrées par le droit positif, il convient donc de définir la discipline et d'en rappeler les contours institutionnels. S'il n'existe aucune définition juridique du sport, le Conseil d'État utilise dans certaines décisions, pour définir l'activité sportive, un faisceau d'indices comprenant la recherche de la performance physique, l'organisation régulière de compétitions et l'existence de règles bien définies. Cette méthode suscite des interrogations quant à son contenu et sa portée.

Le MMA est né aux États-Unis au début des années 1990, et la première compétition a été organisée par l'*Ultimate Fighting Championship* (UFC) dans le Colorado en 1993. Jusqu'en 2001, date de rachat de la marque *UFC* par l'entreprise Zuffa, le MMA ne comporte aucune catégorie de poids et se caractérise par des règles minimalistes issues du *Pankration* en vigueur lors des Jeux olympiques antiques, ce qui induit inévitablement des connotations d'inégalité dans les combats et d'extrême violence qui collent encore aujourd'hui à l'image de ce sport. Sport, le MMA l'est devenu en 2001 quand les nouveaux dirigeants de la marque encadrent la pratique en introduisant des catégories de poids et des règles dans une logique de sécurisation et d'attractivité télévisuelle. De plus, cette réglementation permet

* Professeur de Sport, en disponibilité. Doctorant à l'Université de Toulouse III.

la reconnaissance de la discipline par la Commission athlétique du Nevada (NSAC) et donc l'organisation d'événements aux États-Unis diffusés dans le monde entier. Cette modélisation réussie conduit à l'avènement du MMA comme un sport dans son pays d'origine, mais qu'en est-il de son introduction en Europe ? La définition du sport est-elle différente en fonction des pays ? Force est de constater que le droit français entretient une relation ambiguë avec cette pratique.

La France a basé, depuis plusieurs années, sa réflexion juridique autour du MMA sur la recommandation du Conseil de l'Europe de 1999 visant à interdire le combat libre et la lutte en cage. Seulement, cette recommandation n'a jamais été traduite en droit national et les autres États membres ne l'appliquent plus depuis plusieurs années.

Aucune législation dans notre pays ne prévoit l'interdiction de la pratique du *Mixed Martial Arts* ou de l'un de ses synonymes. Ce n'est pas l'article L.331-2 du Code du Sport, souvent utilisé par l'administration pour en justifier l'interdiction, qui permet de se baser sur une réflexion cohérente. Mieux, les préfets jugent recevable la création d'associations dont l'objet social prévoit le développement et la pratique du MMA ou de l'un de ses dérivés que l'on peut appeler « *combat mixte* », « *free-fight* » ou encore « *combat complet* » sans que la liste ne soit exhaustive. On dénombre plusieurs centaines d'associations réparties sur l'ensemble du territoire qui développent la pratique du MMA en toute légalité et bénéficient même de subventions étatiques pour promouvoir l'activité. Pour réguler cette pratique émergente, l'administration décide de rédiger une simple instruction, ce qui démontre la fragilité de la posture ministérielle sur cette thématique.

Dans son instruction du 24 novembre 2015 relative au « *combat mixte* », sémantique utilisée pour définir les sports de type MMA, le ministère en charge des Sports propose une définition de cette pratique : « *Les combats mixtes peuvent s'entendre comme des pratiques d'arts martiaux et de sports de combats qui mêlent les différentes techniques adaptées aux distances suivantes :*

- la première distance de frappe qui permet, en phase de combat debout, de porter à l'adversaire des tatamis ou des coups par les membres inférieurs et supérieurs ;

- la deuxième distance de saisie ou de corps à corps, toujours en phase de combat debout, qui permet encore de délivrer des frappes mais aussi de préparer une projection de l'adversaire au sol ;

- la troisième distance de travail, au sol, qui peut permettre de délivrer des frappes mais principalement d'obtenir une soumission de l'adversaire projeté. »

Cette même instruction tente, de manière hasardeuse, de définir les conditions de pratique du combat mixte afin d'en définir les contours juridiques, toujours absents du Code du Sport. Cette réglementation institutionnelle impose la fermeture des établissements lorsque la sécurité des pratiquants est mise en danger, notamment lorsque des techniques de frappes (il s'agit principalement des frappes au sol) et des phases de soumission (étranglements et clés de bras) sont constatées. Rappelons que les techniques de frappe sont l'essence même des disciplines pugilistiques alors que l'on peut difficilement envisager un entraînement de judo et de certaines pratiques de lutte sans apprentissage des clés de bras et des phases de soumission.

Ces mesures réglementaires semblent décontextualisées de la pratique des sports martiaux en France qui représentent plus d'un million de licenciés en 2013. Le pragmatisme juridique des inspecteurs de la Jeunesse et des Sports, en charge des contrôles sur le territoire, ne conduira donc à aucune fermeture d'établissements sur la base des motifs de l'instruction ministérielle car cela impliquerait la déstructuration des disciplines de combat sans parler des recours qui inonderaient les juridictions.

Mais pour quel motif le ministère en charge des Sports a-t-il rédigé une telle instruction ? Serait-ce une "réponse" à la première manifestation de MMA en France ? Celle-ci s'est déroulée le 19 septembre 2015 au Cirque d'Hiver à Paris. Le déferlement médiatique, accompagné des nombreuses annonces du secrétaire d'État au Sport, Thierry Braillard, a conduit à la rédaction de cette instruction. Mais que s'est-il réellement passé au Cirque d'Hiver ? La recommandation n° 2005-8 du 20 décembre 2005 aux éditeurs de services de télévision concernant la retransmission de certains types de combat est-elle à l'origine de l'absence de diffusion de cette manifestation par les chaînes de télévision ?

II. II. LE GALA DU 19 SEPTEMBRE 2015 AU CIRQUE D'HIVER

L'association SC Faubert, déclarée auprès de la préfecture du Val-d'Oise, décide d'organiser une manifestation de MMA, la première du genre en France. Pour ce faire, elle entreprend les démarches administratives imposées par le Code du Sport et dépose son dossier auprès des services préfectoraux le 19 août 2015, soit un mois avant la manifestation comme en dispose les articles A. 331-33 à A. 331-35 de ce Code. Conformément à l'article R. 331-46, l'administration doit prendre une décision dans les dix jours, sinon c'est la règle de l'accord tacite qui est appliquée. C'est dans ce contexte que la manifestation du 19 septembre 2015, le *WWWFC ENCOUNTHER PARIS*, a bénéficié de l'accord des services de l'État pour se dérouler dans l'enceinte mythique du Cirque d'Hiver de Paris.

À 48 heures de l'événement, alors que la totalité des 1 600 places sont vendues et que les protagonistes de la manifestation sont présents dans la capitale, le ministère en charge des Sports feint de découvrir ce premier gala de MMA. Le secrétaire d'État demande ainsi l'interdiction de la manifestation en expliquant aux différents médias que les organisateurs n'ont respecté aucune des règles administratives en vigueur. La démonstration juridique et médiatique qui suit cette affirmation est limpide : l'organisateur, conseillé par son avocate, a scrupuleusement respecté la législation imposée sur notre territoire. L'événement aura donc bien lieu !

Photo 1 : WWFC Encounther Paris

Source : Archives de l'organisateur.

Quelques minutes avant le début des combats, le ministère sollicite l'intervention des forces de l'ordre pour interdire la manifestation sur la base de la recommandation du Conseil de l'Europe précitée et sur les fondements de l'article L.331-2 du Code du Sport, notamment les risques d'atteintes à la dignité humaine, à l'intégrité physique ou à la santé des pratiquants. Les fonctionnaires chargés du contrôle ne peuvent que constater que les organisateurs ont scrupuleusement respecté le cahier des charges. Ils leur est impossible de remettre en cause la légalité de la manifestation et ils concluent au respect du droit qui fonde nos valeurs républicaines.

Cette première manifestation de MMA en France s'est vue doublement contrôlée, une fois administrativement par la Direction départementale de la cohésion sociale (DDCS) du Val-d'Oise et, une autre fois, par les services de police mandatés par la préfecture de Paris. Aucune irrégularité pouvant conduire à l'interdiction de la manifestation n'a été constatée. Que les combats commencent ! Le droit vient de démontrer la légalité des compétitions de MMA.

Les organisateurs, les combattants, les arbitres, les passionnés et les journalistes se mettent à rêver. Serait-ce le premier gala de MMA en France ? Les réseaux sociaux s'enflamment, les spectateurs attendent la première frappe au sol pour y croire vraiment et, à 20 heures, les combats débutent devant les fonctionnaires stoïques de la DDCS du Val-d'Oise. À la première frappe au sol, la clameur se fait entendre dans la salle. Les spectateurs sont stupéfaits, c'est bien le premier gala de MMA en France, une page de l'histoire est en train de s'écrire au cœur de la capitale. Ironie de l'histoire, Thierry Braillard, dans une interview au journal *L'Express*, comparait le MMA aux jeux du cirque. Et c'est la famille Bouglione, propriétaire du cirque d'Hiver, qui a accueilli l'événement !

Après la déconvenue administrative et la réussite sportive, vient le moment de l'ambiguïté médiatique. La presse écrite s'emballe, au même titre que le secrétaire d'État qui estime avoir été « *roulé dans la farine* » tout en promettant une « *enquête administrative* » alors même que ses propres services ont validé la manifestation et que les fonctionnaires de police n'ont pu trouver aucune justification à une interdiction administrative.

Un combat médiatico-juridique s'engage entre les organisateurs de l'événement et le secrétaire d'État aux Sports. L'affrontement verbal laisse trace de quelques verbatims percutants.

Ministre	*VS*	**Organisateur**
« On n'est plus dans le sport, mais dans les jeux du cirque »		*« Les autorités avaient dix jours pour autoriser la manifestation, l'interdire ou demander des pièces supplémentaires. Il n'y a eu aucune réponse passé ce délai, elle était donc tacitement autorisée » (Organisation)*
« Pour organiser un événement de MMA, il faut être affilié à une fédération »		*« Deux descentes de police ont eu lieu au Cirque d'Hiver le jour de la manifestation » (Organisation)*
« Je n'aime pas être roulé dans la farine »		*« Au bout de cinq minutes, la commissaire est repartie, après avoir constaté que les conditions de sécurité, tant pour l'aire de combat que pour le médical, ne posaient pas de problème » (Maître Vassine)*

« Notre enquête (administrative), entraînera peut-être des sanctions »		*« Les agents de la Direction départementale ont consulté les dossiers de tous les combattants et sont repartis à la fin de l'événement, vers 23 heures, sans avoir posé une interdiction, preuve qu'on était bien dans le cadre d'une manifestation autorisée » (Maître Vassine)*

Notons que si Thierry Braillard est déclaré vainqueur du combat médiatique, il n'en demeure pas moins que les organisateurs ont gagné le duel administratif et juridique puisque l'enquête institutionnelle n'a relevé aucune faille susceptible d'engendrer des sanctions et que la manifestation s'est tenue comme initialement annoncée. Par contre, l'effet de souffle médiatique orchestré par l'intervention ministérielle a annihilé toute forme de récurrence événementielle puisqu'aucun autre gala de MMA n'a été proposé sur le territoire.

La “peur du bâton” a eu plus d'impact que le respect du droit, ce qui démontre la fragilité structurelle de cette discipline émergente.

Si la presse écrite a relayé les informations liées à l'événement, publié les photos et les interviews, un malaise réel subsistait sur la validité juridique de diffuser ou non la manifestation sur les chaînes de télévision française. Alors que tous les médias se sont positionnés sur le *buzz* créé par ce gala de MMA, les interrogations juridiques sur sa diffusion ont bloqué l'accès au plus grand nombre. Une question demeure : le CSA pouvait-il autoriser la diffusion du « *WWWF ENCOUNTHER PARIS* » ? Tentons de produire les éléments juridiques inhérents à ce questionnement légitime.

III. CE GALA POUVAIT-IL ÊTRE DIFFUSÉ ?

À l'heure de l'Internet et de la TNT, les fans visionnent sans aucune difficulté les événements proposés par les chaînes basées sur le Vieux Continent qui n'appliquent plus, depuis bien longtemps, la Recommandation du Conseil de l'Europe visant à interdire le combat mixte. Les flux transnationaux de vidéos par Internet rendent inopérantes les différentes recommandations, et seule la France continue à s'arc-bouter sur une position décontextualisée et déconnectée de la réalité.

L'interdiction de diffusion d'événements de MMA sur notre territoire par les chaînes hexagonales est une utopie, eu égard aux nombreux mensuels qui relatent les exploits sportifs de ces combattants ultimes rassemblant toutes les couches de la société dans cette passion que certains considèrent comme dérangeante. Si les différentes recommandations ont pour but de protéger les populations, il semble improbable que seuls les médias télévisuels soient vecteurs de « *propagation du mal* ». Par pragmatisme, on autorise la pratique du combat libre, les jeux vidéos dédiés, le visionnage sur Internet, la lecture de la presse écrite, mais on en "interdit" la diffusion sur nos chaînes sans pour autant empêcher la compétition de MMA. Car l'enjeu juridique est bien là ! La compétition de MMA n'a jamais été frappée d'interdiction en France, pas plus que la pratique. Cette dernière a même été encouragée puisque l'on constate une évolution de la discipline encadrée dans des clubs. Cette évolution est facilitée par les nombreux reportages visant à promouvoir le MMA et les entraîneurs. Dans ces mêmes émissions, ceux-ci nous démontrent la passion qui les anime alors que les représentants de l'État nous expliquent, dans le même temps, que ce sport est "interdit". Mais si tel était le cas, l'administration aurait fait fermer les établissements sur la base d'arguments réglementaires incontournables. Depuis des décennies, la désinformation et le contournement juridique sont les vecteurs des postures ministérielles visant à interdire la diffusion du MMA, en aucun cas le droit.

Pour être pragmatique, la création de club de MMA n'est pas prohibée car les préfets l'autorisent, la pratique aussi puisque le Code du Sport ne l'interdit pas. L'enseignement contre rémunération du combat mixte est également encouragé, la compétition de MMA légitimée depuis le 19 septembre 2015, le droit à l'information sur le MMA par différents vecteurs médiatiques également toléré et enfin la diffusion des compétitions de MMA, même organisées en France, permise par les télévisions européennes. Seule la diffusion par les chaînes françaises serait interdite dans notre pays. La recommandation n° 2005-8 du 20 décembre 2005 du CSA est-elle discriminatoire pour ces chaînes ? Cette même recommandation ne poserait-elle pas des problèmes de concurrence au sein de l'espace européen pour les télévisions implantées sur le territoire ? En clair et non en crypté, le CSA n'outrepasse-t-il pas ses droits ?

Pour essayer de mieux comprendre les enjeux juridiques inhérents à la problématique soulevée, il y a lieu de reprendre le texte principal. La recommandation du CSA est basée sur une double analyse constituée de la recommandation du Conseil de l'Europe dont on a vu qu'elle n'était plus appliquée depuis longtemps par les autres pays et qu'elle n'avait jamais été traduite en droit national, puis sur le constat que « *l'organisation de ce type de combat sur le sol français a fait l'objet d'interdictions par arrêté préfectoral* », sémantique utilisée dans la formalisation de la recommandation précitée.

Compte tenu du fait de l'absence de traduction en droit national de la recommandation du Conseil de l'Europe de 1999 et la non-application de cette même recommandation dans les autres pays de l'UE, on peut légitimement invoquer une caducité juridique de ce fondement utilisé par le CSA. Non seulement les pays de la zone euro autorisent les compétitions de

MMA, mais la retransmission des combats est également permise, de manière transnationale qui plus est.

Le ministère en charge des Sports n'a jamais codifié d'interdiction du MMA dans notre pays, que cela soit sous la forme de compétition ou dans le cadre de développement de la pratique. Au contraire, il a rédigé une instruction le 24 novembre 2015, visant à définir les conditions de diplômes pour enseigner la pratique contre rémunération avec au minimum le niveau III (DEJEPS), afin de renforcer l'encadrement du combat mixte. Les prérogatives attachées à cette qualification sont le perfectionnement sportif et, par conséquent, le titulaire du diplôme « *encadre les publics sportifs dans les compétitions* » comme le prévoit la fiche DEJEPS enregistrée au Registre national des Certifications professionnelles (RNCP).

Étant donné que les préfets de département autorisent la création de clubs associatifs et d'entreprises dont l'objet social est le développement du MMA sur leur territoire, la promotion de la pratique est entérinée.

Enfin, le préfet de Paris a autorisé la première manifestation de MMA en France le 19 septembre 2015 sans qu'aucune objection administrative ou juridique ne puisse entacher son déroulement. Il y a tout lieu de penser à la caducité de la recommandation du 20 décembre 2005 du CSA visant à interdire à la diffusion du MMA sur nos chaînes.

Celles-ci ont vraisemblablement toute la légitimité juridique pour diffuser des images de ce type sur le réseau national en concurrence des chaînes étrangères. Rien ne semble objecter cette faisabilité même si, comme l'organisateur du *WWWF ENCOUNTHER PARIS*, il paraît judicieux d'accompagner la mise en œuvre d'un tel projet par des conseils spécialisés. En effet, si un opérateur de télévision française avait diffusé l'événement précité, le CSA ne pouvait pas interdire la diffusion car les pouvoirs qui lui sont attribués ne prévoient pas de dispositions de censure. Il peut néanmoins engager des sanctions après constatation de la diffusion. Ce pouvoir s'exerce après mise en demeure. Celle-ci a valeur d'avertissement et est susceptible d'être adressée aux éditeurs, distributeurs et opérateurs de réseaux satellitaires lorsqu'un manquement à leurs obligations législatives, réglementaires ou à leurs engagements conventionnels est constaté. Par conséquent, la prise en compte des risques inhérents à la diffusion de la compétition de MMA résulte, pour les opérateurs de télévision, d'une stratégie commerciale et non d'un cadre juridique.

L'exemple de cette manifestation doit également permettre de tenter de comprendre les intérêts des différents protagonistes inhérents à ce milieu. Car les errements administratifs et juridiques relevés impliquent nécessairement un protectionnisme, sans préjuger de sa légitimité ou non.

IV. DES INTÉRÊTS DIVERGENTS EN FONCTION DES PROTAGONISTES ?

Dans ce genre de situation, il convient d'établir les forces en présence tout en déterminant les intérêts de chacun des acteurs. Les autorités ont jugé nécessaire de catégoriser le combat mixte dans la famille des activités pugilistiques afin de contraindre la mise en œuvre des compétitions et, plus particulièrement, des galas. Ceci implique qu'un organisateur de MMA doit impérativement appliquer les articles A. 331-33 à A. 331-35 du Code du Sport. L'objet de ce texte est une émanation du rigoureux décret "boxe" de 1962 que l'État n'a eu de cesse, ces dernières années, d'amender de divers principes dérogatoires conduisant à son inopérabilité juridique. Ceci a eu pour effet de voir se multiplier les manifestations publiques de boxe, terme d'usage en vigueur pour définir la boxe anglaise, alors même qu'en réalité, les galas se déroulent dans des formes de boxes plus exotiques. Alors qu'il devrait adopter une posture anticipative et proactive dans la réglementation protectrice des usagers, le ministère court derrière un phénomène auto-structuré pour le réguler, en vain !

Les organisateurs s'astreignent à la rigueur de l'exercice car la rentabilité de la manifestation en dépend, bien qu'ils se seraient aisément émancipés de cette obligation administrative. Ils ont bien compris que la permissivité du texte-cadre était suffisamment prégnante pour satisfaire leurs exigences économiques. Car l'enjeu réside dans les bénéfices attendus d'un tel événement, qu'ils soient financiers, médiatiques, politiques ou sportifs. Sport américain, le combat libre doit répondre à des codes précis en matière de communication et de marketing : l'activité n'est qu'un produit business pour la plupart des grosses manifestations internationales. En France, l'intérêt des organisateurs est de promouvoir le MMA pour tenter d'approcher les leaders de l'événementiel du secteur et ainsi profiter d'une lisibilité transnationale et d'une reconnaissance hexagonale rémunératrice. Les aspects narcissiques liés au sport en général et aux sports de combats en particulier prennent toute leur importance dans le déroulement de ce type de manifestation puisque le combattant et l'organisation sont sublimés jusqu'à leur paroxysme.

Les passionnés, quant à eux, sont toujours plus nombreux à souhaiter admirer les combattants en action mais les attentes des spectateurs ont évolué ces dernières décennies. Il n'est plus question de se déplacer pour voir quelques combats, le public veut être acteur du spectacle. L'organisateur doit donc proposer un *show* doté d'une scénographie moderne et accrocheuse où l'on voit des sportifs en train de combattre, des artistes qui interviennent lors des phases neutres de la compétition pour "ambiancer" la salle. On a là un spectacle, du *show-business* à l'américaine afin de répondre aux exigences, toujours plus élevées, d'un public qu'il convient de fidéliser. Le MMA est l'aboutissement actualisé des attentes du public dans la recherche du sport-spectacle relatif aux sports de combat.

Il devient évident que les chaînes de télévision du monde entier cherchent à capter cette clientèle à l'addictologie rémunératrice. En effet, l'analyse des résultats du leader du secteur, l'*Ultimate Fighting Championship* (*UFC*), est prometteuse pour les experts. Avec plus de 200 événements organisés à travers le monde, 450 millions de dollars de recettes annuelles et des stades qui se remplissent en quelques heures avec les pré-ventes, le marché est porteur. Toujours en quête de diversification, le secteur de l'audiovisuel international cherche à pénétrer ce milieu du MMA et, à ce jour, seule la France est en retrait de ce marché à la croissance avérée qui permettrait pourtant de consolider notre audiovisuel national face à la concurrence européenne.

La démonstration juridique ouvrant la faisabilité relative à la retransmission des compétitions de MMA ne doit pas nous empêcher de réfléchir aux motifs ayant bloqué le développement de ce sport sur notre territoire. Car une chose est certaine : il n'existe aucun fondement réglementaire pour empêcher le développement de ce sport en France. Mais alors, d'où viennent les nombreux blocages ? Le MMA ou le combat mixte attire certes une nouvelle population de pratiquants mais la plupart arrivent des sports de combat et des arts martiaux existants. Alors que le "bassin de recrutement" se mesure sur un peu plus d'un million de licenciés, certaines fédérations peuvent légitimement s'inquiéter de la percée de cette nouvelle discipline. Mais, plus inquiétante encore, la démarche marketing initiée par les professionnels du MMA en surfant sur les thèmes de l'interdiction et de l'innovation a conduit à "ringardiser" les sports de combat traditionnels. Un autre effet est difficilement quantifiable mais néanmoins palpable : celui de l'intérêt porté au MMA par les adolescents et les jeunes adultes du fait de l'utilisation des moyens de communication adaptés à cette catégorie. Par conséquent, il convient de se demander si le MMA ne constitue pas un risque concurrentiel pour les disciplines de combat "historiques".

∴

L'émergence d'un sport induit une structuration, un projet de développement, des formations, des compétitions et idéalement une diffusion médiatique. Le MMA poursuit son parcours semé d'embûches, entamé il y bientôt vingt ans, sans jamais douter du bien-fondé de sa légitimité. Ce chapitre tente de démontrer la fragilité des postures administratives dans le blocage du développement d'un sport "différent", au modèle économique assumé, sans toutefois être illégal.

Le lobbying orchestré par les sports traditionnels pour bloquer le développement de la pratique du MMA ne démontre-t-il pas la fragilité du modèle de gouvernance du sport ? Le MMA pose dorénavant des questions qui dépassent le domaine compétitif et médiatique, il interroge notre modèle de société sur toutes ses facettes et, plus particulièrement, l'application du droit positif dans notre République.

RÉFÉRENCES BIBLIOGRAPHIQUES

BLIN Thierry (2013), « *"Tous les coups sont permis."* Sur les nouveaux gladiateurs du *"free fight"* », *Le Débat*, n° 174, mars-avril, pp. 159-170.

CHAPITAUX Médéric (2012), *En quoi certaines dispositions du code du sport ne favorisent-elles pas le respect de l'intégrité physique et psychologique des compétiteurs de sports de combats de percussions ? Préconisations d'un droit protecteur en acte,* Mémoire du Diplôme universitaire en Droit du Sport, Université Paris 1-Sorbonne.

CHAPITAUX Médéric (2015), « *Mixed martial Arts,* une légitimation par la vidéo ! », *in* FERRÉOL Gilles (sous la dir. de), *Sports extrêmes et vidéo,* Besançon, Publications C3S, pp. 21-27.

CHAPITAUX Médéric (2016), *Le Sport, une faille dans la sécurité de l'État*, Paris, Enrick B Éd.

DELALANDRE Matthieu et COLLINET Cécile (2012), « Le *mixed martial arts* et les ambiguïtés de sa sportification en France », *Loisir et Société/Society and Leisure*, vol. 35, n° 2, 2e semestre, pp. 293-316.

PELLAUD Anne (2009), *Mixed Martial Arts. Au coeur de l'expérience Ultime,* Université de Lausanne, Faculté des sciences sociales et politiques.

QUIDU Matthieu, DELALANDRE Matthieu, DELFAVERO Thibault et RAMIREZ Yann (2014), *Le* Mixed Martial Arts *comme objet sociologique : état des lieux des recherches et perspectives,* Université de Lyon 1.

TAYAR Jérémy (2014), *Le* Mixed Martial Arts *a-t-il une place à se faire sur les antennes du groupe* Canal plus *?,* Paris, ESG Management School, MBA Management du sport.

CHAPITRE 12

PROTECTFORM : UN CONCEPT NÉ DE L'EXPERTISE VIDÉO

Cédric PALISSER*

Les sports de combat se développent sur le territoire en suivant la modélisation proposée par le mouvement sportif et les fédérations délégataires qui le composent. Mais l'actualité dramatique dans l'Hexagone et le besoin de sécurité qui en découle ont fait exploser la demande sans que les associations, qui font habituellement découvrir ces sports de combat, ne puissent répondre à ces sollicitations émergentes. En parallèle de ce premier levier, la forte concurrence imposée par les *low-cost* aux clubs de remise en forme a obligé ceux-ci à revoir leur stratégie commerciale. La convergence de ces deux éléments laisse entrevoir des pistes réflexives sur l'avènement de ces sports au sein du milieu de la forme, de la santé et maintenant de la sécurité.

∴

I. VERS UNE MUTUALISATION DES SPORTS DE COMBAT ET DES CLUBS DE FORME

La notion de sports de combat est relativement vaste et peut altérer la visibilité de la pratique décrite dans ce chapitre. Néanmoins, cette sémantique correspond habituellement aux activités qui se détachent des composantes martiales véhiculées dans les arts traditionnels comme le karaté ou le judo par exemple. Au sein des clubs de forme, nous retrouverons les pratiques "innovantes" comme le *Mixed martial arts* (MMA) et les boxes pieds-poings (BPP). L'attrait de ces disciplines pour les dirigeants d'entreprises relève du faible niveau d'encadrement institutionnel et du fort intérêt médiatique pour ces disciplines, deux éléments à la création de concepts commerciaux à caractère sportif au sein des structures concernées.

Cependant, quand on investigue d'un peu plus près ces pratiques, on observe qu'elles se sont toujours plus ou moins développées sur la base du *business model* des clubs de forme. En effet, le manque d'intérêt porté par le ministère en charge des Sports pour ces disciplines émergentes n'a conduit que très tardivement à la structuration et à l'encadrement de la pratique et de la vie associative. En prenant pour exemple le *kickboxing* et le *muaythaï*, ces deux BPP phares dans notre pays ont malheureusement connu divers

* Éducateur sportif, SAS Waterform, Montbéliard.

balbutiements structurels au point que le Comité national olympique et sportif français (CNOSF) n'a intégré officiellement en son sein les fédérations correspondantes que depuis 2015. Pour le MMA, un récent rapport parlementaire publié en novembre 2016 envisage une prochaine structuration dans le mouvement sportif alors que cette pratique se développe sur notre sol depuis le milieu des années 1990.

Ce rapide *focus* historique nous démontre que, malgré l'absence d'encadrement institutionnel, ces disciplines émergentes ont su se développer en marge du système établi grâce à une professionnalisation de l'approche clientèle/sportive et en calquant le modèle de structuration sur les orientations anglo-saxonnes. Cette priorisation stratégique a été possible en raison de l'absence de vision des fonctionnaires du ministère en charge des Sports ou, plus précisément, sur l'erreur d'appréciation tendant à faire croire à un phénomène de mode plutôt qu'à une pratique installée.

Par conséquent, on dénombre une multitude de structures disséminées sur l'ensemble du territoire, sous forme associative ou entrepreneuriale, qui développent leurs activités de commercialisation des sports de combat en sortant des cadrages habituels instaurés par l'administration et le mouvement sportif. Cette démarche d'action, qui se démultiplie, risque de devenir un véritable mode de fonctionnement pour des disciplines souvent marginalisées par le mode de pensée unique proposée par l'administration qui aura la plus grande difficulté à faire acte de résilience face au développement exponentiel de ces pratiques de combat dans la société, que cela soit sous forme physique et/ou virtuel, avec l'*eSport* notamment. Les clubs de forme ont très vite compris les opportunités qui s'ouvraient à eux dans le cadre de l'appétence populaire et médiatique pour ces activités.

Si le désintérêt institutionnel pour ces disciplines est avéré, le réflexe ministériel de l'hyper-règlementation pour faire face à une incompréhension sociétale initiée par le développement de pratique d'opposition physique est, lui aussi, très prégnant. Au nom du principe de précaution, on multiplie les textes officiels, au risque de devenir inopérant pour l'administration elle-même, sans jamais s'interroger sur la nécessité structurelle, pédagogique ou technique d'une telle règlementation. Si l'État ne reconnaît pas tous les sports de combat (MMA et BPP) comme des sports, il en réglemente toutefois l'enseignement contre rémunération. La composante juridique est incontournable pour les entreprises de forme et de santé qui souhaitent faire figurer ce type d'activités sur leurs offres commerciales.

En France, la profession d'éducateur sportif est réglementée par les articles L 212-1 à L 212-14 du code du sport. Dans le cadre de ce projet, il y a lieu de s'intéresser particulièrement à l'article L 212-1 de ce code : « *I.- Seuls peuvent, contre rémunération, enseigner, animer ou encadrer une activité physique ou sportive ou entraîner ses pratiquants, à titre d'occupation principale ou secondaire, de façon habituelle, saisonnière ou occasionnelle, sous réserve des dispositions du quatrième alinéa du présent article et de l'article L. 212-2 du présent code, les titulaires d'un diplôme, titre à finalité professionnelle ou certificat de qualification : 1° Garantissant la compétence de son titulaire en matière de sécurité des pratiquants et des tiers dans l'activité considérée ; 2° Et enregistré au répertoire national des certifications professionnelles dans les conditions prévues au II de l'article L. 335-6 du Code de l'Éducation* [...]. *Peuvent également exercer contre rémunération les fonctions mentionnées au premier alinéa ci-dessus les personnes en cours de formation pour la préparation à un diplôme, titre à finalité professionnelle ou certificat de qualification conforme aux prescriptions des 1° et 2° ci-dessus, dans les conditions prévues par le règlement de ce diplôme, titre ou certificat.* »

L'annexe II-1 de l'article L. 212-1 du Code du Sport précise les intitulés des différents diplômes et les conditions d'exercice qui y sont attachées. Pour les mentions *kickboxing* et *muaythaï*, les prérogatives sont identiques à tous les Diplômes d'État de la jeunesse, de l'éducation populaire et du sport (DEJEPS) de la spécialité perfectionnement sportif, à savoir « *l'enseignement, animation, encadrement de l'activité visée par la mention considérée ou entraînement de ses pratiquants* ». Concernant le « *combat mixte* » (MMA), le ministère a publié l'Instruction n° DS/B2/2015/349 du 24 novembre 2015 relative aux contrôles des établissements et manifestations publiques de sports de combat proposant du combat mixte. Celle-ci rend obligatoire la détention d'un DEJEPS dans l'une des mentions citées dans le texte pour enseigner, contre rémunération, le combat mixte.

Cependant, les formes hybrides à vocation commerciale ne sont pas clairement mentionnées dans cette instruction qui semble cibler les clubs de MMA plutôt que les clubs de forme/santé. Il n'existe aucune réglementation régalienne sur laquelle reposer une réflexion, surtout que l'instruction est un outil juridique relativement fragile en comparaison des lois et décrets. Cette analyse semble présenter une faille juridique dans laquelle les structures commerciales sont susceptibles de pouvoir tirer profit.

C'est sur cet atermoiement administratif que le secteur de la remise en forme va tenter de développer ces nouvelles activités. Reste à savoir comment l'administration sportive va réguler cette action d'un secteur qui pèse un milliard de chiffre d'affaires annuel sur le territoire. Afin d'appréhender au mieux l'approche du milieu, analysons la stratégie menée par une des entreprises concernées par ce phénomène, la SAS Waterform.

II. UNE TYPOLOGIE PARTICULIÈRE POUR LES SPORTS DE COMBAT

Waterform est devenue, au fil des années, le leader français en solutions aquatiques. Pour ce faire, l'entreprise a appuyé sa stratégie sur l'expertise de coachs formés en interne à sa propre culture grâce à l'expertise d'un salarié titulaire d'un diplôme délivré par les services de l'État conformément à la réglementation en vigueur. Dans un marché très concurrentiel, le choix d'augmenter la compétence humaine ne suffit pas à garantir une pérennisation structurelle et commerciale, la recherche et l'innovation associées au facteur humain permettant à Waterform de s'élever au-dessus des autres clubs du même secteur d'activité.

En créant des concepts aquatiques basés sur la vidéo et la musique, l'entreprise a su convaincre une clientèle professionnelle, qu'elle soit sous forme associative, entrepreneuriale ou issue des collectivités territoriales. Cette stratégie, axée sur une formation interne des salariés à haut niveau d'exigence couplée à une infrastructure facilitant l'innovation technique et pédagogique, a permis de développer sept concepts aquatiques dont l'*aquaboxing* qui connaît un succès exponentiel au cours des dix dernières années. Rappelons que les centres de remise en forme n'ont pas vocation à préparer des athlètes mais à proposer des activités adaptées à la forme et à la santé. Le caractère ludique et la parfaite connaissance du public sont indispensables à la conceptualisation contextualisée.

Dans la démarche réflexive pré-projet, la définition de la typologie du public est indispensable pour ne pas sortir du cœur de métier de l'entreprise. Une analyse des différentes tranches d'âge d'un centre représentatif comme Waterform est indispensable. De même, la connaissance de la proportionnalité entre les sexes des adhérents est incontournable pour la stratégie relative aux offres d'activités sportives.

Dans le cadre d'un mémoire pour un diplôme professionnel délivré par le ministère en charge des Sports, le club a réalisé une étude statistique sur les paramètres précités dont nous trouvons la synthèse ci-dessous :

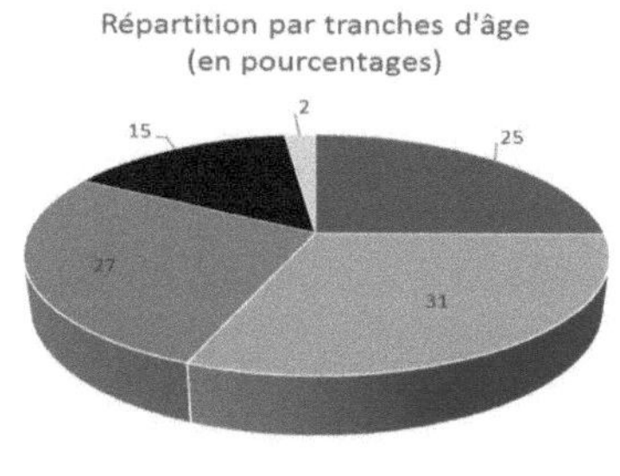

On remarque que 75 %des adhérents ont plus de 30 ans, ce qui laisse à penser que la notion d'entretien physique prédomine sur la recherche de la performance, surtout que 44 %de cette même clientèle a plus de 45 ans. Cette composante liée à l'âge influence immanquablement les réflexions dans la conceptualisation des activités, notamment au regard de l'impact de la physiologie sur ces catégories.

Les 15-29 ans ne représentent qu'un quart des adhérents alors que l'on aurait pu envisager un pourcentage plus élevé au regard des activités proposées et de l'importance de l'image auprès des jeunes adultes. Ce résultat ne doit pas signifier le désaveu de cette classe pour les activités en club de forme mais il convient de mettre ce résultat en perspective avec le positionnement de Waterform. En effet, l'entreprise se situe au niveau *premium*, ce qui implique des prestations élevées et des abonnements en corrélation avec ce niveau d'exigence. Le coût d'un abonnement mensuel se situe à hauteur de 60 euros. On peut observer que des études complémentaires auraient été intéressantes en modifiant les critères d'âges et en déplaçant le curseur sur deux points d'évaluation comme la majorité et la retraite. On aurait donc pu réaliser un *focus* sur la représentation des mineurs, la population active et les retraités.

Afin de compléter l'étude initiale, un comparatif entre les hommes et les femmes et par catégorie d'âge a été réalisé dans le centre de remise en forme et laisse apparaître les résultats suivants :

Tranches d'âge	Sexe	Nombre	Sexe/tranches d'âge (%)
14 ans-17 ans	F	17	74 %
	M	6	26 %
18 ans-29 ans	F	244	58 %
	M	174	42 %
30 ans-45 ans	F	377	66 %
	M	191	34 %
46 ans-60 ans	F	330	73 %
	M	121	27 %
61 ans et +	F	250	81 %
	M	59	9 %

Le tableau ci-dessus nous apprend que la gente féminine est significativement plus présente, quelle que soit la tranche d'âge. On se surprend à observer que le pourcentage de féminines évolue significativement dans le temps puisque celles-ci représentent 58 %des 18-29 ans pour culminer à 81 % des membres chez les 60 ans et plus. *A contrario*, le pourcentage masculin décline jusqu'à 60 ans, où la représentation masculine s'effondre avec seulement 9 %d'adhérents. Cette analyse doit interroger la stratégie globale de l'entreprise notamment sur la place des activités plus masculines, en particulier pour les plus de 60 ans. Une réflexion pour cette tranche d'âge pourrait être profitable à la structure, et le concept *Protectform* doit pouvoir correspondre aux attentes de ce public exigeant.

Néanmoins, cette féminisation invite les dirigeants à concentrer une offre adaptée à ce public spécifique tout en essayant de "préempter" les adolescents sous-représentés dans le club et pour qui les sports de combat peuvent également susciter un intérêt non négligeable.

Cette appétence pour ces sports dans leurs formes de boxes développées en milieu aquatique et en musique, en parallèle de celles proposées au plan terrestre (*body* combat, *body* attack, aéroboxe, etc.) se traduit dorénavant par une réelle demande d'opposition. Cette volonté peut s'expliquer par le double facteur caractérisé par l'envie d'aller plus loin que la simple approche chorégraphiée et/ou s'inscrire dans une démarche de *self-défense* au regard des menaces actuelles sur notre société moderne.

Par conséquent, ces paramètres confortent l'idée selon laquelle les sports de combat représentent un vecteur transgénérationnel qui peut être profitable aux différents acteurs. La difficulté réside dans la prestation *premium* attendue par la clientèle et l'innovation pédagogique indispensable pour assurer la transversalité du concept *Protectform*.

III. L'EXPERTISE DE LA VIDÉO AQUATIQUE AU SERVICE DE *PROTECTFORM*

Robot aquatique

Source : Waterform.

L'entreprise Waterform donne le ton en nous présentant ce robot aquatique qui nous invite à nous confronter aux éléments, qu'ils soient terrestres ou aquatiques. Que notre regard sur cette représentation marketing soit ludique et/ou martiale, nous imaginons très facilement le cœur des activités et l'intensité qui en découle.

Au-delà de cette approche commerciale, l'entreprise a développé un savoir-faire dans la transmission de cycles pédagogiques par vidéo afin d'éviter que la lassitude ne s'installe chez les coachs et la clientèle. Cette expertise est devenue une base conceptuelle pour chaque nouveau produit que l'entreprise souhaite proposer à ses adhérents ou sa clientèle professionnelle. La diversité des activités a incité Waterform à innover, c'est pourquoi l'on retrouve toutes les familles sportives dans l'offre aquatique (aquacycling, aquatraining, etc.). L'eau ne représente plus seulement un lieu de baignade mais, au choix, un environnement sécurisant, pour les personnes âgées par exemple, un vecteur de contrainte musculaire pour d'autres, ou encore un facteur facilitant le drainage et la récupération.

Mixité pugilistique dans le milieu aquatique

Source : Waterform.

Cette spécificité de l'approche des qualités aquatiques conduit inexorablement à une réflexion pédagogique et technique, souvent très éloignée des standards des sciences de l'éducation. C'est pourquoi l'entreprise a imaginé un *package* de sept concepts aquatiques basés sur des approches vidéos.

C'est sur cette expertise que le concept *Protectform* doit se développer après avoir mûri au sein du *showroom* de Waterform et, plus particulièrement, dans son laboratoire. Après avoir testé la pertinence des orientations pédagogiques envers les différents publics et plus particulièrement les enfants, une première phase d'élaboration de cycle doit être opérationnalisée afin d'éviter la redondance et la lassitude comme le démontre la sectorisation ci-dessous :

Présentation des activités Protectform

GUM'PROTECT	PROTECT	GLOBAL'PROTECT
Pour les 5 à 6 ans	Pour les 7 à 12 ans	Pour les 13 à 15 ans
C'est le cours favori des parents. Il canalise l'énergie des bambins, développe leur motricité à travers des ateliers à vocation ludique. Les enfants peuvent ainsi apprendre à bien chuter, à se déplacer avec agilité ou à éviter des coups. Pas de combat, encore moins de bagarre, juste de la technique et du ludique pour gagner en confiance tout en s'amusant.	Un programme évolutif organisé autour de séances et ateliers multiples par groupe de tranche d'âge. Des cours ludiques et éducatifs inspirés de mouvements de boxe sans contact, en coopération mais aussi en confrontation pour développer tant les capacités physiques que le goût de l'effort, la rapidité ou l'agilité. Travailler les réflexes et savoir esquiver pour être serein et confiant au quotidien.	L'activité idéale pour les ados. Ils se dépensent, se testent et se confrontent lors de séances complètes de fitness-sport. Ils y acquièrent de très bons réflexes et développent les bonnes attitudes en cas de situations conflictuelles tout en travaillant leur physique. Un programme sur mesure, inspiré du *self-défense*, du *krav maga* et de techniques de boxe.

FIT'PROTECT	SELF'PROTECT	FIGHT'PROTECT
À partir de 16 ans	À partir de 16 ans	À partir de 16 ans
Un entraînement effectué avec tout un équipement de boxe, et combinant un certain nombre d'exercices de type cardio, afin d'entretenir sa condition physique et de favoriser des enchaînements techniques, pour gagner en confiance et en maîtrise. La boxe pour *booster* son quotidien !	Le cours d'auto-défense par excellence. Il s'inspire des techniques du *self-défense* et du *krav maga* pour développer toutes les capacités à réagir dans des situations de conflit. Un gain inestimable en sérénité, autant que le plus sûr moyen d'entretenir sa forme physique.	C'est le programme le plus spécifique et intense de PROTECTFORM. Il assure une très bonne condition et procure un moral d'acier. Ces ateliers nécessitent une tenue de protection car les mouvements inspirés des sports de combat, se travaillent en coopération et en confrontation. Rien de tel que ce programme *punch* pour développer la confiance en soi.

Source : Waterform.

Une fois cette phase dépassée, les tests avec les différents publics incitent à la régulation du concept, à sa commercialisation et à sa diffusion à la clientèle professionnelle. C'est en cela que l'expérience accumulée dans le "filming" des concepts aquatiques sera un gain de temps considérable pour la mise en vidéo de *Protectform.*

Cours de *Gum'Protect* à Waterform Montbéliard

Source : Waterform.

Si l'approche stratégique est basée sur une expérience avérée dans des domaines similaires, associée à une réflexion encadrée par une démarche innovante, la pérennisation est loin d'être acquise pour ce projet audacieux sur les plans techniques, pédagogiques, structurels et financiers. L'approche de la commercialisation et l'analyse de la concurrence sont des leviers incontournables dans la réussite d'un projet de cet ordre.

Les professionnels du marketing et du commerce, s'ils ont toujours besoin d'innovation pour avancer, doivent entrevoir immédiatement les intérêts et avantages du produit qu'ils sont amenés à vendre. Sans cette adhésion, presque idéologique, le produit ne sera pas présenté et se retrouvera déchu de visibilité au seul motif de ne pas avoir convaincu ces professionnels.

IV. LA RECONNAISSANCE DES SPORTS DE COMBAT PAR LA COMMERCIALISATION !

La dédiabolisation des activités de combat sur le territoire a débuté il y plus d'une dizaine d'années mais ce sont surtout les associations qui ont su intégrer ces nouveaux pratiquants. Les entreprises du secteur de la forme ont toujours observé cette appétence soudaine avec une certaine distance eu égard à la réputation sulfureuse véhiculée par ces sports d'opposition. Toutefois, quelques tentatives ont émergé avec des réussites variables, mais un point de convergence entre ces différentes démarches est à soulever, celui du combat mixte ou MMA. C'est en effet cette forme de combat qui semble être le niveau de référence pour un développement commercial.

Entre cette discipline émergente et l'usage des médias Internet, la rencontre devenait inévitable et basée sur des fondations communes caractérisées par une vision anticonformiste, voire anarchique.

En effet, les sites spécialisés véhiculent des combats et des techniques de MMA en totale contradiction avec notre réglementation hexagonale mais qui restent autorisés dans les pays qui hébergent les serveurs. À l'instar du *net* qui s'affranchit des frontières, le sport, notamment le MMA, a utilisé les opportunités de communication pour contourner des règles inopérantes. Les associations se sont lancées en priorité sur ce "marché" alors que les entreprises et les autorités observaient avec prudence cette percée "anarcho-sportive". Avec plusieurs centaines de clubs de MMA sur le territoire, Internet a facilité cette prolifération structurelle en communicant les photos, en mettant en scène les combattants français à l'étranger sur *Youtube* et en diffusant les actualités sur les comptes *Facebook* des clubs.

Crossfight, *MMA factory* sur Paris et *Fight Club Fitness* sur Besançon sont les précurseurs de ce *business plan* sportif sur lequel les entreprises ont modélisé leurs réflexions sur les différentes opportunités qui s'offraient à elles. De cette observation, différents concepts aux techniques commerciales abouties ont tenté l'aventure dans les centres de remise en forme.

Pour l'entreprise Waterform, *Protectform* est un concept multi-activités axé sur le combat mixte avec, pour but, de développer les capacités motrices des adhérents dans un environnement ludique et sécurisé bien éloigné de l'atmosphère des salles traditionnelles de combat. L'approche de cette structure est basée sur la vente de concept vidéo alors qu'un des concurrents, Fightness'Gym, développe son concept, axé sur la mutualisation de musculation et du MMA, sur la vente de franchise. Il totalise aujourd'hui plus de dix salles réparties sur le territoire national.

Publicité *Protectform* à Waterform Montbéliard

Source : Waterform.

Le développement de ces activités semble être le fruit d'une évolution de la société sur les sports de combat. La médiatisation a conduit à modifier les regards sur ces disciplines dites "extrêmes" et on ne peut feindre l'impact de l'actualité dramatique qui s'étend en Europe avec le sentiment d'insécurité qui s'instaure au sein des populations.

Ces facteurs sont des leviers potentiels de la réussite du développement commercial qu'il conviendra d'encadrer afin de conserver l'essence même de la pratique. La modernisation des clubs de forme ne doit pas se faire au détriment de la culture spécifique véhiculée par les sports de combat. Les commerciaux des différentes enseignes devront concevoir des accroches permettant d'accueillir ces nouveaux pratiquants aux souhaits bien spécifiques.

∴

L'introduction des sports de combat dans les centres de remise en forme doit interroger notre modèle sociétal, notamment pour connaître la raison principale de cet engouement soudain. S'agit-il d'une volonté d'apprendre à se défendre afin de répondre aux menaces terroristes actuelles qui submergent l'Europe ? Ou bien peut-on supposer que le modèle associatif ne correspond plus à une certaine frange de la population ? De manière empirique, il semble que les deux questionnements soient valables puisque le public cible des clubs de forme est plus âgé que celui pratiquant dans les associations sportives.

Ce besoin de sécurité, qui semble se traduire par la volonté de pratiquer des disciplines de combat dans des entreprises sportives, doit être accompagné par une démarche qualité d'encadrement indéniable et des concepts pédagogiques innovants au sein desquels la vidéo tient une place dominante.

RÉFÉRENCES BIBLIOGRAPHIQUES

CHAPITAUX Médéric (2012), *En quoi certaines dispositions du code du sport ne favorisent-elles pas le respect de l'intégrité physique et psychologique des compétiteurs de sports de combats de percussions ? Préconisations d'un droit protecteur en acte,* Mémoire du Diplôme universitaire en Droit du Sport, Université Paris 1-Sorbonne.

CHAPITAUX Médéric (2015), « *Mixed martial Arts,* une légitimation par la vidéo ! », *in* FERRÉOL Gilles (sous la dir. de), *Sports extrêmes et vidéo,* Besançon, Publications C3S, pp. 21-27.

DELALANDRE Matthieu et COLLINET Cécile (2012), « Le *mixed martial arts* et les ambiguïtés de sa sportification en France », *Loisir et Société/Society and Leisure,* vol. 35, n° 2, 2e semestre, pp. 293-316.

QUIDU Matthieu, DELALANDRE Matthieu, DELFAVERO Thibault et RAMIREZ Yann (2014), *Le* Mixed Martial Arts *comme objet sociologique : état des lieux des recherches et perspectives,* Université de Lyon 1.

TAYAR Jérémy (2014), *Le* Mixed Martial Arts *a-t-il une place à se faire sur les antennes du groupe* Canal plus *?*, Paris, ESG Management School, MBA Management du sport.

POSTFACE

Fernand Lopez OWONYEBE*

Passionné de sports de combat depuis mon plus jeune âge, j'ai débuté l'apprentissage des aspects stratégiques en pratiquant le *messing*, une forme de lutte tribale de ma région du Cameroun, mon pays d'origine. Ces sports ont façonné une partie de mon parcours de vie, et le rappel historique réalisé par Jean-Yves Tayac dans ce volume est un élément essentiel à la compréhension de cette activité physique qui passionne les foules depuis des millénaires.

Après avoir combattu dans différents styles d'opposition, qu'ils soient martiaux ou pugilistiques, ce voyage initiatique imposé par la volonté de "performer" permet de découvrir d'autres sports comme le catch, brillamment raconté par Thomas Désarménien, ou encore le karaté et sa rigueur, explicités par Jérôme Frigout et Angélique Lepresle. Mais, entre cette forme de spectacularisation fantasmée du combat et ce conformisme, a émergé une discipline qui déchaîne toutes les passions : le MMA. Cette pratique, incomprise et parfois décriée, est celle qui me fait vibrer et pour laquelle je souhaite un développement comparable à celui de la boxe.

Car le combat est un art, mais entraîner au combat nécessite des compétences indispensables qu'il convient de développer et d'actualiser régulièrement grâce à la formation. Il est difficile aujourd'hui de gagner un match, une confrontation ou une compétition sans avoir au préalable analyser le système technico-tactique de l'adversaire, et l'utilisation de la vidéo est dorénavant incontournable, comme l'a très bien mis en exergue Jean-Michel Reymond du fait de sa parfaite connaissance du milieu pugilistique.

La formation a facilité mon cheminement d'entraîneur en quête d'outils pour parfaire les qualités de mes athlètes. Mais, pour tenter de mieux cerner les axes de progression, les nouvelles technologies de l'information sont venues compléter ce qui m'avait été enseigné. Ces formes d'apprentissage sont relatées avec justesse par Marjolaine Sené et François Laurent. Si l'innovation technologique concourt à façonner la façon d'exercer mon métier, le volet pédagogique non conventionnel proposé par Médéric Chapitaux chamboule mes représentations de pratiquant, d'éducateur sportif et de valide.

Quand on a combattu sur tous les continents et qu'on coache des champions dans les plus grandes organisations comme l'*Ultimate Fighting Championship*, il est temps de rendre aux autres ce qu'ils vous ont transmis

* Directeur du club MMA Factory, Paris.

en organisant une manifestation. Comme le relate Médéric Chapitaux dans sa seconde contribution, le gala du 19 septembre 2015 était une première, dont la légalité juridique et administrative a cependant été discutée, voire contestée par les autorités.

Puis vient le moment de conceptualiser son savoir et de tenter humblement de le faire partager, comme a su le faire Cédric Palisser dans sa démarche entrepreneuriale et audacieuse. Ce travail d'introspection et de mesure est difficile à réaliser car il est souvent comparé, critiqué ou moqué. Mais le combattant est habitué à gérer ces oppositions, il connaît le chemin à parcourir et sait se soustraire aux débats stériles.

La lecture de ces *Actes* permet à tous les passionnés de sports de combat de prendre conscience de l'importance des sciences et de la technologie dans notre approche de la performance. Quand je prépare mes combattants, je mets systématiquement la mention suivante sur les feuilles de route d'analyses vidéo des futurs adversaires de mes élèves : « *Cette stratégie est basée sur un raisonnement hypothético-déductif. Elle ne garantit en rien le non-changement du comportement de ton vis-à-vis et ne te dispense pas d'une éventuelle réadaptation durant ton combat.* »

Reste que pour le spectacle et le public, le combat est sublimé par la vidéo : ce livre l'illustre une fois encore.

SIGLES ET ABRÉVIATIONS

AIBA : Association internationale de boxe amateur

AWA : *American wrestling association*

BBP : Boxes pieds poings

CEF : Centre éducatif fermé

CNOSF : Centre national olympique et sportif français

CREPS : Centre de ressources, d'expertise et de performances sportives

CSA : Conseil supérieur de l'audiovisuel

CWC : *Cruiseweight classic*

DDCS : Direction départementale de la cohésion sociale

DEJEPS : Diplôme d'État de la jeunesse, de l'éducation populaire et du sport

DTN : Direction technique nationale

ECW : *Extreme championship wrestling*

ENT : Espace numérique de travail

EPS : Éducation physique et sportive

FFB : Fédération française de boxe

FFKDA : Fédération française de karaté et disciplines associées

FOAD : Formation ouverte à distance

IBF : *International boxing federation*

INSEP : Institut national du sport, de l'expertise et de la performance

MMA : *Mixed martial arts*

MMK : Mahyar Monshipour Kermani

MOOC : *Massive open online course*

MTV : *Music television* (chaîne de télévision américaine)

NBA : *National boxing association*

NSAC : *Nevada state athletic commission*

NWA : *National wrestling alliance*

OMS : Organisation mondiale de la santé

PJJ : Protection judiciaire de la jeunesse

RNCP : Répertoire national des certifications professionnelles

SC : Sports de combat

TIC : Technologies de l'information et de la communication

UFC : *Ultimate fighting championship*

VHS : *Video Home System*

WBA : *World boxing association*

WBO : *World boxing organization*

WCW : *World championship wrestling*

WWE : *World wrestling entertainment*

WWF : *World wide fund*

WWFC : *World warriors fighting championship*

WWWF : *World wide wrestling federation*

Dans la même collection

Sous la direction de Gilles Ferréol

AÏT ABDELMALEK Ali, *Territoire et profession. Essai sociologique sur les formes de constructions identitaires modernes*, 2005. ISBN 2-290342-49-8. 21,00 €.

BAWIN Julie, *La Collection au temps du japonisme. Le japonisme en Belgique à travers les collections de Hans de Winiwarter*, 2007. ISBN 978-2-930481-22-7. 30,00 €.

BROT Jean, CALLENS Stéphane, GIRARDIN Hubert et PETIT Olivier (sous la dir. de), *Catastrophe et gouvernance. Succès et échecs dans la gestion des risques majeurs*, 2008. ISBN 978-2-930481-21-0. 18,00 €.

CALLÈDE Jean-Paul et FERRÉOL Gilles (sous la dir. de), *L'Engagement sportif au prisme des sciences sociales*, 2016. ISBN 978-2-8066-3582-2. 22,00 €.

CAMIOLO Marc, *L'Éducation routière en question. Socio-anthropologie critique du risque et de la sécurité*, 2014. ISBN 978-2-8066-3137-4. 28,90 €.

CASTETS-FONTAINE Benjamin, *Le Cercle vertueux de la réussite scolaire. Le cas des élèves de Grandes Écoles issus de « milieux populaires »*, 2011. ISBN 978-2-8066-0031-8. 29,00 €.

COUTEL Charles, *Les Mots de la liberté. Culture générale et esprit critique*, 2006. ISBN 2-930342-89-7. 26,00 €.

ESCOURROU Nicole, *Les Stages dans l'enseignement supérieur. Vers une insertion professionnelle raisonnée ?*, 2013. ISBN 978-2-8066-1020-1. 20,00 €.

FERRÉOL Gilles, *Décrochage scolaire et politiques éducatives. Évaluation d'une expérimentation : le « lycée de toutes les chances »*, 2006. ISBN 2-930342-68-4. GF. 24,00 €.

FERRÉOL Gilles (sous la dir. de), *Représentations corporelles & loisirs sportifs*, 2009. ISBN 978-2-930481-89-0. 26,00 €.

FERRÉOL Gilles (sous la dir. de), *Activités physiques et sportives et vieillissement. Enjeux sanitaires et sociaux*, 2010. ISBN 978-2-87525-039-1. 23,00 €.

FERRÉOL Gilles (sous la dir. de), *Autour d'Alain Caillé*, 2010. ISBN 978-2-87525-063-6. 23,00 €.

FERRÉOL Gilles (sous la dir. de), *Tourisme et patrimoine*, 2010. ISBN 978-2-87525-060-4. 26,00 €.

FERRÉOL Gilles (sous la dir. de), *Femmes et agriculture*, 2011. ISBN 978-2-8066-0107-0. 24,00 €.

FERRÉOL Gilles (sous la dir. de), *Autonomie et dépendance*, 2011. ISBN 978-2-8066-0163-6. 28,00 €.

FERRÉOL Gilles (sous la dir. de), *Le Regard esthétique. Perspectives croisées philosophie/sociologie*, 2012. ISBN 978-2-8066-0255-8. 19,00 €.

FERRÉOL Gilles (sous la dir. de), *Souffrance et maltraitance*, 2012. ISBN 978-2-8066-0760-7. 32,00 €.

FERRÉOL Gilles (sous la dir. de), *Risque et vulnérabilité*, 2013. ISBN 978-2-8066-1060-7. 32,00 €.

FERRÉOL Gilles (sous la dir. de), *Statut et place de la subjectivité dans les sciences sociales*, 2014. ISBN 978-2-8066-2954-8. 24,00 €.

FERRÉOL Gilles (sous la dir. de), *Sentiments et Émotions*, 2015. ISBN 978-2-8066-3286-9. 37,90 €.

FERRÉOL Gilles (sous la dir. de), *Médiations et régulations*, 2016. ISBN 978-2-8066-3287-6. 31,50 €.

FERRÉOL Gilles (sous la dir. de), *Égalité, Mixité, Intégration par le Sport*, 2016. ISBN 978-2-8066-3578-5. 29,50 €.

FERRÉOL Gilles (sous la dir. de), *Environnements et identités*, 2017. ISBN 978-2-8066-3594-5. 31,00 €.

FERRÉOL Gilles et DUGAS Éric (sous la dir. de), *Oser l'autre. Altérités et éducabilité dans la France contemporaine*, 2015. ISBN 978-2-8066-2809-1. 24,90 €.

FERRÉOL Gilles, LAFFORT Bruno et PAGÈS Alexandre (sous la dir. de), *L'Intervention sociale en débat. Nouveaux métiers, nouvelles compétences ?*, 2014. ISBN 978-2-8066-3204-3. 26,90 €.

FERRÉOL Gilles, LAFFORT Bruno et PAGÈS Alexandre (sous la dir. de), *Le Monde rural. Entre permanences et mutations*, 2016. ISBN 978-2-8066-3564-8. 23,00 €.

FERRÉOL Gilles et MAMONTOFF Anne-Marie (sous la dir. de), *Tourisme et société*, 2009. ISBN 978-2-930481-92-0. 25,00 €.

FERRÉOL Gilles et TUAILLON DEMÉSY Audrey (sous la dir. de), *L'Engagement et ses différentes figures*, 2016. ISBN 978-2-8066-3288-3. 31,50 €.

JOLIBERT Bernard, *La Laïcité. Actualité et histoire d'une idée*, 2005. ISBN 2-930342-54-4. 20,00 €.

MALIGE Régis, *Le Recrutement des personnels enseignants et l'évolution du métier de gestionnaire de concours. Approche socio-organisationnelle et étude de cas*, 2012. ISBN 978-8066-0291-6. 32,00 €.

MAMONTOFF Anne-Marie, *Tziganes & Représentations sociales*, 2010. ISBN 978-2-87525-062-9. 21,00 €.

MAUNY Christophe, *Être handballeur professionnel. Les dimensions cachées d'une identité plurielle*, 2009. ISBN 978-2-87525-001-8. 24,00 €.

OBADIA Lionel et CARRET Gérard (sous la dir. de), *Représenter, classer, nommer. Regards croisés sur la médecine*, 2007. ISBN 978-2-930481-14-2. 23,00 €.

ROLAND Pascal, *Danse et imaginaire. Étude socio-anthropologique de l'univers chorégraphique contemporain*, 2005. ISBN 2-930342-55-2. 25,00 €.

SECA Jean-Marie (sous la dir. de), *Musiques populaires* underground *et représentations du politique*, 2007. ISBN 978-2-930481-27-2. 34,00 €.

SÉCOLIER Pierre, *Pratiques professionnelles, enjeux territoriaux et changement social. L'évolution et la mutation des petits métiers de l'étang de Thau*, 2009. ISBN 978-2-87525-000-1. 25,00 €.

SIDAMBAROMPOULLÉ Dolize, *Instruments et pédagogies de l'alternance pour la formation au travail social*, 2007. ISBN 978-2-930481-33-3. 30,00 €.

STATIUS Pierre (sous la dir. de), *Désirs de culture*, 2015. ISBN 978-2-8066-0945-8. 24,90 €.

TANTER-TOUBON Annick et MONTIGNY Gilles, *À la recherche de la banlieue parisienne. Essai de bibliographie historique et analytique (1789-1998)*. À paraître.

WILDE Gérald, *Le Risque cible. Une théorie de la santé et de la sécurité. Prises de risques au volant, au travail et ailleurs...*, 2012. ISBN 978-2-8066-0905-2. 28,00 €.

Achevé d'imprimer par Corlet Numérique - 14110 Condé-sur-Noireau
N° d'Imprimeur : 137593 - Dépôt légal : avril 2017 - *Imprimé en France*